走进青海
历史文化丛书

西羌觅踪

青海省地方志编纂委员会办公室　编

张生寅　著

青海人民出版社

图书在版编目（CIP）数据

西羌觅踪 / 青海省地方志编纂委员会办公室编；张生寅著. -- 西宁：青海人民出版社，2023.2
（走进青海历史文化丛书）
ISBN 978-7-225-06428-4

Ⅰ.①西… Ⅱ.①青… ②张… Ⅲ.①羌族—民族历史—研究—青海 Ⅳ.① K287.4

中国版本图书馆 CIP 数据核字（2022）第 200131 号

走进青海历史文化丛书

西羌觅踪

青海省地方志编纂委员会办公室　编

张生寅　著

出 版 人	樊原成
出版发行	青海人民出版社有限责任公司
	西宁市五四西路71号　邮政编码：810023　电话：（0971）6143426（总编室）
发行热线	（0971）6143516 / 6137730
网　　址	http://www.qhrmcbs.com
印　　刷	陕西龙山海天艺术印务有限公司
经　　销	新华书店
开　　本	787 mm × 1092 mm　1/32
印　　张	8
字　　数	120 千
版　　次	2023 年 2 月第 1 版　2023 年 2 月第 1 次印刷
书　　号	ISBN 978-7-225-06428-4
定　　价	34.00 元

版权所有　侵权必究

《走进青海历史文化丛书》编纂委员会

主　　任：杨松义
委　　员：李泰年　云公保太　董得华　刘淑青
　　　　　马　渊　师玉洁
总 策 划：杨松义
执行策划：师玉洁　戴发旺
主　　编：杨松义
副 主 编：李泰年　云公保太

出版说明

文化是民族的精神命脉。坚定的道路自信、理论自信、制度自信，其本质是建立在悠久的文明传承基础上的文化自信。不忘历史才能开辟未来。习近平总书记指出，"优秀传统文化是一个国家、一个民族传承和发展的根本，如果丢掉了，就割断了精神命脉。我们要善于把弘扬优秀传统文化和发展现实文化有机统一起来"，"努力实现传统文化的创造性转化、创新性发展，使之与现实文化相融相通，共同服务以文化人的时代任务"。青海是中华民族和中华文明的重要发源地，青海的历史，见证了中国历史的久远；青海的文化，丰富了中华文化的内涵。建设富裕文明和谐美丽新青海，既需要一代又一代人的接续奋斗，更需要在汲取历史养分中找方向、找动力、找信心。

地方志纵览史实，横陈百科，明远详近，信今传后，既是中华优秀传统文化的重要组成部分，又是中华优秀传统文化世代相继的重要载体。从20世纪80年代至今，经过几代方志人的不懈努力，全省形成了卷帙浩繁的方志文化成果，构成了一座以地情为重要内容并不断丰富发展的地方志资源宝库，在保存历史、传承文明、繁荣文化、促进发展等方面发挥了重要作用。进入新时代，更好地发挥地方志存史育人资政的功能，必须紧紧抓住深刻阐释优秀传统文化、大力弘扬优秀传统文化这个全部工作的着眼点和发力点。

《走进青海历史文化丛书》是青海省地方志编纂委员会办公室组织编纂的地情文化丛书，以普及青海地方历史和优秀传统文化为宗旨，坚持编纂质量和社会效益第一，突出系统、真实、生动、简明的特点，具有较强的知识性、趣味性、可读性。期望本丛书的出版能进一步坚定全省各族人民的历史自信、文化自信，以史为鉴，继往开来，把可爱的青海建设得更加美好。本丛书是在2004年青海省地方志编纂委员会办公室策划编纂的《青海史话》的基础上，经过原编著者认真打磨、反复修改形成的。在编纂过程中，吸收了史学界、文化界最新的研究成果，在此一并致谢。

丛书编辑组
2022年10月

目录

引言 ... 一

先秦时期羌人的足迹 ... 五
    一、羌人来源概说 ... 五
    二、古史传说和夏商周时期的羌人 ... 一三
    三、甘青地区羌人的古文化遗存 ... 二七
    四、亦人亦神的西王母 ... 四一

秦汉时期河湟羌人的兴盛与迁徙 ... 五〇
    一、无弋爱剑避难湟中 ... 五〇
    二、河湟羌人的蕃兴与迁徙 ... 五五
    三、羌人、匈奴、西汉逐鹿河湟 ... 六一
    四、赵充国平定河湟羌乱 ... 六九
    五、西汉招抚西域河西诸羌 ... 八七
    六、乡姐羌人的反汉活动 ... 九〇
    七、王莽诱夺卑禾羌地 ... 九四

东汉时期羌人的反抗斗争 一〇〇

一、东汉底定陇右 一〇〇
二、烧当羌的反抗斗争 一一四
三、滇零政权的反抗斗争 一三五
四、东、西羌的联合斗争 一四四
五、北宫伯玉、李文侯领导的起义斗争 一五四

魏晋南北朝时期羌人的迁徙与融合 一六二

一、魏蜀政权对羌人的争夺 一六二
二、马隆平羌 一六八
三、西北割据政权对羌人的统治 一七四
四、十六国时期的羌人政权 一八二
五、西域地区的羌人活动 一八八
六、民族融合大潮中的羌人 一九一

隋唐以来羌人的存续与发展 一九五

一、青藏高原地区的羌人 一九五
二、西山诸羌 二〇四
三、吐蕃征服诸羌 二〇六
四、宋代时期的羌人 二〇七
五、元明清时期的羌人 二一一

羌人后话　　　　　　　　　　　二一六
　　一、当代的羌族　　　　　　　　二一六
　　二、藏缅语族各民族与羌人的关系　二二七
　　三、羌族研究及成果综述　　　　　二三二

主要参考文献　　　　　　　　　二三九
后记　　　　　　　　　　　　　二四四

引言

中国是一个统一的多民族国家。一部中国史，就是一部各民族交融汇聚成多元一体中华民族的历史，就是各民族共同缔造、发展、巩固统一的伟大祖国的历史。我们辽阔的疆域是各民族共同开拓的，我们悠久的历史是各民族共同书写的，我们灿烂的文化是各民族共同创造的，我们伟大的精神是各民族共同培育的。中华民族多元一体是各民族先辈们留给我们的丰厚遗产，也是当代中国创新发展的巨大优势。

羌人是我国民族大家庭中一个历史非常悠久的古老民族，从现有历史文献记载和考古发掘资料看，他们很早以来就生活在我国广袤的西部地区，以畜牧业生产为主，并因擅长养羊而著称于世。东汉学者许慎在他撰写的《说文解字》一书中说："羌，西戎牧羊人也。从人、从羊；羊亦声。"另一位东汉学者应劭在他撰写的《风俗通义》一书中也认为，"羌，本西戎卑贱者也，主牧羊。故'羌'字从羊、人，因以为号"。作为我国历史上分布十分广泛而又种落非常众多的古代民族，从新石器时代晚期的考古文化和古史传说时代起，羌人就开始走入我们的视野。它的起源和华夏族同样久远，传说中羌人的祖先与华夏的祖先是构成中华古老文明的源头。到唐宋以后，羌人中的大部分被汉族或其他民族所融合，仅仅在岷江、涪江上游有一小部分存在，中华人民共和国成立后被认定为羌族，先后在历史上活跃了数千年之久，在中国史及世界史上也是不多见的。

在数千年的发展进程中，羌人不仅创造出自己独特而绚丽的文化，还和其他民族相互融合共同发展，为统一多民族国家作出了巨大贡献。在中华民族形成过程中，羌人作为一个"输血的民族"，曾经起到了非常积极的作用。早在传说时代，羌人中具有相当文明程度的姜姓部落已成为构成华夏族的一个重要组成部分。秦汉以来，在许多羌人不断融入汉、藏等民族的同时，迁往西南等地的若干分支在与当地世居民族碰撞融合的过程中逐渐发展演变为汉藏语系中藏缅语族各民族，与现在的藏、彝、白、哈尼、纳西、傈僳、拉祜、基诺、普米、景颇、独龙、怒、土家等族有着千丝万缕的渊源关系。正如著名学者费孝通先生所言："羌人在中华民族形成的过程中起的作用似乎和汉人刚好相反，汉族是以接纳为主而日益壮大的，羌族却以供应为主，壮大了别的民族，很多民族包括汉族在内从羌人中得到了血液。"可以毫不夸张地说，羌人是中华民族血脉中十分重要的一员，对于中华民族共同体的起源和发展有过显著贡献，在中国民族史上占有极其重要的地位。今天，寻觅和追述历史上羌人发展变迁的历史足迹，有助于梳理中华民族形成和多民族融合发展的历史，有助于探讨中华民族多元一体格局的演化，有助于铸牢中华民族共同体意识，是一件十分有意义的事。

富饶美丽的青海高原曾经是羌人的祖居地和繁衍生息的家园，在高原已知的数万年的历史进程中，生活在这里的羌人是我们能够确知的最早的居民。他们用非凡的智慧和勤劳的双手开拓了这片广阔美丽的土地，缔造了高原灿烂夺目的古文化，是高原当之无愧的最早开拓者与建设者。今天，我们要了解古代青海的民族与历史，必须从高原最早的居民——羌人说起。

《西羌觅踪》作为《走进青海历史文化丛书》中的一册，坚持"保护好、传承好历史文化遗产"的原则，以羌人的祖居地青海作为历史叙述的起始点，寻觅数千年历史长河中羌人繁衍生息的历史足迹，重温中华民族形成过程中羌人依稀可辨的身影和那些波澜壮阔的历史过往，为今日更好铸牢中华民族共同体意识服务。全书共分为七个部分，其中："先秦时期羌人的足迹"部分，简要介绍了甘青地区古文化遗存所反映的先羌居民的经济生活和信仰习俗，勾勒了古史传说和夏商周三代羌人若隐若现的历史身影；"河湟羌人的兴盛与迁徙"部分，依据历史文献记载，简要描述了秦汉以来河湟羌人兴盛与迁徙的曲折与神奇，以及羌人、匈奴、西汉逐鹿河湟的烽火岁月；"羌人的兴盛与迁徙"和"东汉时期羌人的反抗斗争"部分，简要叙述了秦及两汉时期大一统国家发展进程中羌人反抗王朝暴政的恢宏斗争，以及羌汉交融的互动历史；"魏晋南北朝时期的羌人"部分，简要叙述了民族大迁徙、大互动、大交融时代羌人徙转流离的足迹；"隋唐以来羌人的存续与发展"部分，勾勒了在唐蕃争战的硝烟中渐渐远去的羌人背影；"羌人后话"部分，则扼要介绍了今天恰处汉藏之间的羌族这一羌人后裔生产生活的日常面貌。

先秦时期羌人的足迹

古代羌人的来源扑朔迷离,至今还没有定论。但是,不论是在关于三皇五帝的古史传说中,还是在我国已知的最早文字——甲骨文的记载中,还是在甘青地区诸多的古文化遗存中,还是在关于西王母的种种传说中,我们都可以寻觅到他们曾经清晰的足迹和活跃的身影。

一、羌人来源概说

迁三苗于三危

在我国现存的古代史籍中,对羌人的来源有明确记载的是南朝刘宋时期的史学家范晔所写的《后汉书》。他不仅在该书中首次为羌人设立了专门的传记《西羌传》，还在传记中系统梳理了羌人发展的历史，明确提出："西羌之本，出自三苗，姜姓之别也。其国近南岳。及舜流四凶，徙之三危，河关之西南羌地是也。"

范晔的《后汉书》提出羌人源自三苗的说法后，被后世的一些史书所沿袭，成为关于羌人来源最早最传统的观点。有学者考证后认为，范晔的这一说法承袭了已经遗佚的晋人司马彪《续汉书》一书的观点，而司马彪则是杂糅了《尚书》《史记》等古籍中关于三苗的传说记载后提出的。因为《尚书》一书不但多次提到"三苗"或"苗民"，而且其中的《舜典》一篇还记载说，舜在位时制定了五种常用的刑罚，并把共工流放到了幽州，把驩兜流放到了崇山，把三苗驱逐到了三危，把鲧流放到了羽山。这四个部族被处罚了，天下的人都心悦诚服。西汉史学家司马迁的《史记·五帝本纪》也有基本相同的记载，并进一步解释说舜迁三苗于三危，是为了改变西戎的风俗。关于范晔所说的三苗，据史籍记载和学者们的考证，应是尧舜禹时代十分活跃的一个古代部族，原先居住在洞庭湖和鄱阳湖之间的地区，曾与华夏族进行了激烈的争斗，失败后其中的一部分被迫迁徙到了三危。而关于三危的所在，有人认为它并不是一个具体地名，是指群山和高山地区。有人认为在今甘肃东南部的洮河上游，有人认为在今甘肃西北的敦煌一带，甚至有人认为在今西藏及四川西部地区，至今没有定论。

范晔关于羌人源自三苗的说法，虽得到后世史家和学者们的极大关注，但并未得到现代学者们的一致认可，大多持存疑的态度。著名民族史专家黄烈先生认为，古代有一支三苗族人远徙到西北地区是有可能的，因为古代人民迁徙常常是沿着河流，长江支流汉水就是一条南连洞庭、北接甘肃东南的理想通道。但三苗西迁的人数不会很多，不大可能形成史书所载的"西戎"。另外，古代传说中三苗与姜姓的炎帝处于同一时代，炎帝是羌人中姜姓部族的代表，说羌人出自三苗而又为姜姓之别，是自相矛盾的。著名史学家顾颉刚先生认为，《尚书》中的《尧典》《皋陶谟》《禹贡》等三篇文章，是战国、秦汉时期的人把神话加以历史化的作品，范晔关于羌人源自三苗的看法并没有确切的证据，我们所见到的关于三苗的故事，只有神话的价值而没有历史的证明。

此外，20世纪50年代以来，随着我国现代考古学事业的发展，西北地区丰富的考古遗存和古代文化为人们所发现和认识，古代羌人在西北地区活动的历史足迹也逐渐清晰起来,并和这一地区年代更为久远的考古学文化有着密切的联系,不断向更久远的新石器时代延伸。而羌人源于三苗的观点,由于没有更多文献和考古材料的支持,更加难以令人信服。20世纪80年代以来,我国编纂出版的许多民族史著作,基本没有采纳羌人源自三苗的说法。因此,羌人来源的历史真相,仍然需要学者们持续不断地进行探索求证。

羌与氐

先秦时期的西部地区,在史籍中经常与羌同时出现的还有氐。由于羌与氐居地相邻,混居错处,又同属汉藏语系,关系十分密切。许多先秦古籍往往将氐羌二字连用。如:《诗经·商颂·殷武》中记载:"昔有成汤,自彼氐羌,莫敢不来享,莫敢不来王,曰商是常。"《逸周书·王会解》也记载:"氐羌以鸾鸟。"《竹书纪年》也多次出现了"氐羌来宾"的记载。直至魏晋南北朝时期,还有史籍将氐羌二者连称。这使后来的人们很难分辨它们到底是两个不同的民族,还是同一民族中的不同分枝。因此,在叙述羌人扑朔迷离的来源之际,很有必要交代一下羌与氐之间剪不断理还乱的复杂关系，以进一步深化对羌人历史的认识。

关于氐人的来源，史籍记载各异，学术界也有多种说法，有的学者认为氐、羌同源，有的认为氐出于羌，是从羌人中分化出来的一支，有的认为氐出于三苗，有的甚至认为氐是西南夷的泛称，根本不存在氐。关于氐与羌的关系，现在的学者们大多倾向于氐与羌应该是两个民族，二者在居住地、经济生活、服饰习俗、语言等方面截然有别。氐人在战国以来主要分布在甘肃的东南部，即现在的甘、川、陕交界之处。羌人的分布范围虽比较广泛，但战国以来主要分布在青海东部的河湟及其以西以北的广大地区。氐人是一个定居的农业民族，以独特的板屋为居所，与其相邻的羌人以畜牧业为生，过着逐水草而居的游牧生活。在服饰习惯上，氐人有特有的服饰颜色喜好，崇尚青、绛以及白色，而羌人没有服饰颜色的讲究。氐人妇女皆编发，而羌人妇女被发覆面。氐与羌都是华夏族给予的称呼，是他称，后来逐渐为两族自己所接受，成为自称。

关于氐人出现的时间，有人认为最早可以追溯到商代，因为当时的甲骨文中出现了"氐"这个字，而且在甲骨卜辞中有大量关于"氐羌""氐朋""氐车""氐牛"的记载。但随着对甲骨文研究的不断深入,学者们发现,甲骨文中的"氐"并不是指一个人们的共同体,而仅仅是以、致、送的意思。氐、羌二字连用,只是表示以羌为贡献,送来若干羌的意思。而现在学者们较为一致地认为,氐作为一种人们的共同体名称,大致是在春秋战国时期。成书于战国时期的《山海经·海内南经》中关于"氐人国"的记载,是战国时期氐人作为独立的民族集团而存在的有力证据。魏晋时期,史籍中关于氐人的记述逐渐清晰起来。曹魏至西晋初期的史学家鱼豢编撰的《魏略》一书中,对氐人的民族特征和社会状况有着比较详细的记载,说氐人有氐王,散居在武都郡的山谷中,种类较多,因服饰颜色不同而被称为青氐、白氐等,他们自称"盍稚",是槃瓠的后裔,风俗语言与羌及杂胡不同。至魏晋南北朝时期,氐人大部分已经融入汉族之中,但仍有很少一部分经历变化延续下来,现在分布于四川省平武县、甘肃省文县境内的白马藏人或达布人,有学者认为很有可能就是氐人的后裔。

羌与戎

与氐人一样,戎也是先秦时期活跃于西部地区的一个古代民族。由于古代史籍的记载比较简略,人们常常将戎与羌相混淆,也认为戎是对我国西部地区少数民族的泛称。将戎人的历史作一番梳理和交代,有助于我们更加清晰准确地认识羌人的历史。

戎是不是一个单独的民族,长期以来在史籍记载和研究者中看法就不太一致,大致有以下几种观点:第一种观点以《史记》为代表,把戎放入《匈奴列传》中,把山戎、猃狁、荤粥和戎、狄、匈奴放在一起叙述,实际上把戎与匈奴归为一类。近代著名学者王国维先生进一步论证和发展了这种观点,明确提出商周之间的鬼方、獯鬻,周末的玁(猃)狁,就是春秋时期的戎,以后又被称为狄和匈奴;第二种观点以《后汉书》为代表,将戎直接写进《西羌传》中,把戎作为羌的一类。近代郭沫若先生主编的《中国史稿》、江应樑先生主编的《中国民族史》、王钟翰先生主编的《中国民族史》等著作,都主张西戎主要是指羌人部落;第三种观点最早出于《墨子》一书,把戎看作是对西方民族的泛称,实际上是认为没有戎这样一个民族,后来的《魏略》《晋书》《梁书》《旧唐书》等史书,都将西方的民族和国家放在《西戎传》中。近代著名史学家顾颉刚先生认为,在西方羌与戎都是大名,戎是西方诸族的通称,为表示其地望则曰"西戎",羌则是某一族的专名,但因他们所占的地方太大,渐渐也成了通称。这几种观点虽然各不相同,但都有一个共同点,就是不认为戎是一个单独的民族。

20世纪80年代以来,有些学者依据史籍记载提出,戎是活跃于我国西周、春秋时期的一个单独的民族。而且,还从古籍关于戎与羌的众多记载中发现一个非常奇怪的现象:甲骨文中有关于羌的大量记载,进入西周、春秋时,关于羌的记载越来越少,而戎的记载却多了起来,到了汉代,羌又重新活跃起来。他们进而推测,这种现象说明戎是西周、春秋时期兴起的民族,在它兴起之后,把羌向西和西南排挤,使他们退至嘉陵江上游和青海一带,到汉代才又崭露头角。因此,不能因为后来的史籍中把戎当成西北少数民族的泛称而否定戎在西周、春秋时期作为一个单独的民族确实存在过的事实。

关于羌、氐、戎三者的关系,有学者认为,羌、氐、戎三者活动范围大体相当,出现在文献记载的时间也可前后相接,氐人从羌人中分化出来后,在迁徙的过程中由于自然条件的改变和其他族群影响程度的不同,使得他们的外貌和传统与主体羌人出现了很大差别,后来慢慢形成了以羌文化为主体兼有自身文化特征的新的人群共同体。戎人从羌人中分化出来后，到两周时期自身特征愈加明显突出，使其成为两周时期的一个新的族群。因此，羌、氐、戎三者虽然是不同的民族，但其宗体文化仍然是羌文化，我们可以将其文化统称为羌戎文化体系。

二、古史传说和夏商周时期的羌人

在有文字记载的历史之前，早期人类历史依靠口耳相传的方式流传，这些内容到后来才被文字记录下来，成为文献中的古史传说。在夏朝之前，我国有一个漫长的传说时代（或称传疑时代），是以三皇五帝为主角的神奇时代，也是我国由原始时代向阶级社会过渡的特殊时期。在各种古史传说中，不少传说人物及其部族与很早以来就生活在西部地区的羌人有着密切的关系，治水英雄共工氏、华夏始祖之一的炎帝、夏朝的缔造者大禹便是他们中的代表性人物。

治水英雄共工氏

从我国的一些古代文献记载看，羌和姜是传说时代活跃于我国西部地区的两个原始部族，"羌"人以养羊为主,"姜"人以农业为生。但据现代学者考证,"羌"和"姜"在古代是读音相同而写法不同的一个字,"羌"从人,作为部族之名;"姜"从女,作为羌人女子的姓。因此,可以说"姜"是羌人的一种,是羌人中最先从事农业生产活动的部族。

古代传说中的共工氏据说就是姜姓羌人部落,生活在神农氏之前的时代。那时候,洪水泛滥,水面占地表的十分之七,陆地只占地表的十分之三,人们的生存受到了严重威胁。为了拯救自己,共工氏部落的人们与洪水展开顽强搏斗,掌握了许多行之有效的治水方法。他们铲平高地,用土填平水泽,开辟出更多适合人们居住和耕种的地方,使人们逐步摆脱了洪水的威胁,过上了较为稳定、富裕的生活。

在此后很长的一段时间里,共工氏部落的后代们继续与洪水进行不屈不挠的搏斗。他们利用自己掌握的丰富治水经验,参与了中原地区的治水事业,做出了非常突出的成绩。传说共工氏的儿子名叫后土,非常善于治水,能平定九州土地,后来的人们便将他尊为灶神。到了古史传说中的黄帝时代,共工氏的后代由于擅长治水,被黄帝任命为部落联盟的土官。少昊担任部落联盟首领时,共工氏的后代又被任命为水官,主管整个部落联盟的水利事业。大禹治水的时候,共工氏的后代又全心全意协助大禹,采用"高高、下下、疏川、导滞"的办法,最终制伏了洪水,受到了人们的称赞。

炎帝与神农氏

炎帝是中国古史传说时期姜姓部落的首领尊称,号神农氏,又号魁隗氏、连山氏、列山氏,别号朱襄。据《国语·晋语》等史书记载,炎帝的母亲叫任姒,是有蟜氏部落一位容貌出众的贤惠女子,后来嫁给少典做了妃子,很受宠爱。一次,任姒到华阳去游玩时,有神龙入怀的感觉,不久就有了身孕。10个月后,任姒生下一个人身牛头的奇特婴儿。这个孩子长大后,因善于用火而被推举为部落首领,因此,后人称他为炎帝。炎帝部落因最初生活在渭水上游的支流姜水,所以便以姜为姓。关于姜水的所在,有的史籍和学者认为在今岐山之东,为渭水的一条支流,有的史籍和学者则认为是今宝鸡市渭水之南的清姜河(原名清涧水),但无论哪一条河,姜水在炎帝故里的宝鸡境内是大家公认的。传说姜姓部落从神农起共有九代炎帝,神农生帝魁,魁生帝承,承生帝明,明生帝直,直生帝氂,氂生帝哀,哀生帝克,克生帝榆罔，传位五百多年。

炎帝部落不仅较早地使用火，而且较早地开展了原始农业生产，发明了耕地工具耒耜，掌握了种植庄稼的技术，过着男耕女织的农耕生活，是羌人中最早转向农业的一支。炎帝本人亲自尝试各种植物的味道，尝试各种水泉的甘苦，好让人们知道哪些植物可以食用，哪些植物不能食用，哪些水泉可以饮用，哪些水泉不能饮用。由于炎帝为我国的农业发展做出了突出贡献，因此被后世尊称为神农氏，进而被尊为我国的农业之神。

与炎帝部落生活在同一时代的黄帝部落，最初也活动在渭水流域。由于黄帝部落以姬水为发祥地，所以便以姬为姓。后来，由于炎帝部落和黄帝部落的人口不断繁衍增加，他们逐渐向自然条件更加优越的中原地区迁移。黄帝部落从陕北渡过黄河后，沿中条山、太行山向东北方向迁移，首先来到了河北大平原，随后又向南迁移到了中原地区。炎帝部落则沿着渭水和黄河一直向东迁移，直接来到了中原地区，形成较多姜姓方国。后来，相继迁移到中原地区的炎帝部落和黄帝部落为了争夺土地、财物，相互之间发生了多次战争，其中最激烈的一次是阪泉之战，先后进行了三次大的战斗，最终黄帝部落取得了胜利，炎帝归服了黄帝，两族逐渐融合，成为华夏族形成的核心。

就在炎、黄两族不断向中原地区拓展势力的同时，兴起于淮河下游以南的今豫、苏、皖交界地区的蚩尤部落，也在其著名领袖蚩尤的领导下，以今山东为根据地，由东南向西北方向的中原发展。据说蚩尤族善于制作兵器，其铜制兵器精良坚利，且部众勇猛剽悍，生性善战，擅长角牴，进入中原地区后，首先与炎帝部族发生了正面冲突。蚩尤族联合巨人夸父部族和三苗一部，用武力击败了炎帝族。炎帝族为了求得生存，遂向黄帝族求援，联合起来共同对付蚩尤，双方在在涿鹿地区（今河北省涿县一带）进行了一场大战。当时，蚩尤族集结了所属的81个支族（一说72族），黄帝族则率领以熊、罴、狼、豹、雕、龙、鹗等为图腾的氏族迎战蚩尤族，并最终在玄女族的支援下，经过九次激烈的战斗，终于一举击败蚩尤族，并在冀州之野（今河北地区）擒杀蚩尤，最终统一了中原地区的各个部落，形成了最初的华夏部落联盟。取得这场战争胜利的炎黄部族首领炎帝和黄帝从此成为中华民族的共同祖先，并被逐步神化。

作为羌人中最早转向农业的一支，炎帝部落和同样与羌人有着密切的血缘关系的黄帝部落在相继东迁的过程中结成联盟，逐渐构成华夏族的主体，即后来汉族的核心，充分说明生活在西部广大地区的羌人，不但用他们的辛勤劳动开发了西部广大地区，对我国农业发展做出了突出贡献，而且对华夏族的形成有着卓越的贡献。

大禹出于西羌

大禹是上古传说时代与伏羲、黄帝比肩的圣王，也是夏王朝的奠基者。在先秦史籍中，关于大禹治理洪水、划分九州、制定五服的英雄事迹较多，但并没有他出于西羌的说法。直到西汉和东汉时期，人们开始把他与西羌联系起来。陆贾的《新语·术事》、司马迁的《史记·六国年表》、扬雄的《蜀王本纪》、赵晔的《吴越春秋·越王无余外传》等比较重要的史籍，都记载说大禹出于西羌，甚至把大禹在羌地的出生地定在四川西部一个叫石纽的地方。到了魏晋时，甚至出现了羌人尊崇大禹为神的传说。常璩撰写的《华阳国志》一书就记载说，石纽当地的羌人十分崇敬大禹，不敢在他出生地周围方圆百里的地方放牧，犯有过错的人逃入其地，追捕他的人也不敢前去，只要能够在那里藏匿三年，即使后来被人们捉住，也会原谅他的过错,说他得到了大禹神灵的护佑。

这些汉晋史籍中大禹出于西羌的记载,得到后世许多史籍的传抄和沿袭,直到近代,许多学者还坚信不疑。如著名学者徐中舒先生就认为,羌人是夏民族的后裔,夏王朝的主要部族也为羌人,根据汉至晋500年间流传的羌族传说,没有理由否认夏即是羌。李绍明先生还根据传世文献中大禹生于"石纽""出于西羌"等记载,以及相关地区的考古发现和羌地流传的一些颂扬大禹治水的民间歌谣、石崇拜等人类学材料,认为"禹兴于西羌"是有根据的。

近几十年来,随着大禹与西羌关系的研究逐步深入,许多学者结合史书记载、历史遗迹和夏朝的疆域等,认为大禹兴于西羌的说法并没有可靠的历史依据,是后来人的附会。但抛开对大禹出于西羌历史真实性的考辨,秦汉以来大禹的逐步神化和在羌人中的传播,其中也掺杂着一些史实,不仅反映出夏后氏与羌人通婚的历史事实,也反映出商周以来的很长时期内,华夏族与羌人有着婚媾血缘的密切关系,羌人(更多的时候是姜)在华夏族的形成、发展过程中曾发挥过十分积极的作用,有着十分深远的影响。

甲骨文中的"羌"与"羌方"

公元前 1600 年,商族首领汤联合各方面的力量打败了夏朝最后一个王——桀以后,建立了中国历史上又一个强大的奴隶制国家——商。商朝早期,由于商的统治并不十分巩固,都城时常迁来迁去。商王盘庚在位时,将都城迁到了殷(今河南省安阳市西北的小屯村,又被称为殷墟)这个地方,从此稳定下来。19 世纪以来,人们陆续在殷墟发现了许多刻有文字的龟甲兽骨,这些龟甲兽骨大多是将乌龟的甲壳(大多数是腹甲,少数是背甲)和牛的肩胛骨经过多次加工做成的,上面的文字是用青铜刀刻上去的,内容大多是占卜祸福、判断吉凶的卜辞,所以又被叫作甲骨卜辞或甲骨文。甲骨文中不仅反映了许多商朝社会政治活动情况,还有许多关于商代羌人的记载,为我们了解商朝时期的羌人活动提供了十分重要的依据。

在甲骨文中,"羌"字是一个象形字,写法各有不同,如写作 ⚹ 或 ⚹。甲骨文专家们认为,§是索子(绳子)的象形,但对羌字含义的解释各不相同。罗振玉先生认为,是象羌人的以索牵羊,因为羊行每居人先,所以这条索子在后而不在前。董作宾先生认为,这是在人的颈上加一条绳索，是表示羁縻的意思。顾颉刚先生认为，商代俘虏羌人甚多，祭祀时每把他们作为牺牲，这是用了索子系着被俘虏的羌人的象形。此外，羌字在甲骨文中大体有四种用法：一是用作地名；二是用作人名；三是用作族名或者方国名；四是用作奴隶的名称。

从现有的甲骨文记载看，甲骨卜辞中的羌应是商代西北方游牧民族之通称。陈梦家先生在《殷墟卜辞综述》一书中，根据卜辞中羌人作为牺牲的事实以及羌方的地望，进而推断"羌可能与夏后氏为同族之姜姓之族"。在商朝统治的500多年中，羌一直是商朝西部一个很有势力和威胁的部族。基本上可以分为北羌和马羌这两大部分，活动的区域大致在今甘肃、陕西西部、山西西南及河南西北一带，商朝还将其中的一些部落称为羌方。商朝刚建立时，由于开国君主成汤治理有方，商朝国力强大，声威显赫，包括羌在内的许多部族都臣服于商朝，向商朝进贡。《诗经·商颂·殷武》在赞扬成汤的伟大功绩时说："昔有成汤，自彼氐羌，莫敢不来享，莫敢不来王。"意思是说：汤王在位时，即使偏远如氐人、羌人，也都来进献贡物，向汤王称臣。成汤十九年，商朝境内大旱，全国上下遇到了前所未有的困难，商朝的西部近邻羌方不仅没有乘机侵扰，反而派人前来表示友好，并帮助商朝渡过了难关。

商朝中期以来，由于国力不断衰落，羌方对商的威胁也越来越大，商王经常派兵讨伐羌方，用兵数量常常超过对其他方国的用兵数量。商王武丁在位时，是商朝最为强盛的时候，也是商朝的军事力量非常强大的时候。有一次，商王武丁为了征讨羌方，竟然动用了13000名士兵，用了3年的时间才取得胜利，将羌方征服。商王武乙时，羌方的势力再次强大起来，商王曾考虑用5个部族的兵力来征伐他们。商王文丁时，有一次羌方首领前来朝觐，商王亲自前去迎接，并用非常隆重的仪式进行接待，从而使商与羌方之间长期紧张的局面有所缓和。由于羌方对商叛服无常，双方时战时和，因此它们之间一直没有建立起一种严格的政治从属关系，商朝也将羌方称为"采卫"，作为一般的属国来对待。

将战争中俘虏的羌人作为奴隶，是商朝奴隶的主要来源之一。而且，商朝为了获得更多的奴隶，经常对羌人发动以掠夺奴隶为目的的战争。同时，商朝的一些方国还经常把羌人奴隶作为礼品赠送给商王。由于羌人奴隶在商朝奴隶中所占的比重比较大，人们慢慢地也就把羌人作为了奴隶的代名词。羌人奴隶的社会地位十分低下，命运也异常悲惨。他们在皮鞭驱使下长年累月地从事农牧业生产，用辛勤的劳动为奴隶主创造了巨额财富。在奴隶主眼里，他们只不过是一些不会说话的工具，是随时可以转让或赠送的私人财产，是可以用来买卖的物品。当时，羌人奴隶的身价非常低，一两个羌人奴隶身价才相当于一头牛的价格。更为残忍的是，迷信鬼神的商朝奴隶主在祭祀神灵和宗庙时，动不动就将羌人奴隶作为祭品杀掉。有些奴隶主死后，还要把一些羌人奴隶作为陪葬品一同埋入坟墓。据胡厚宣先生在《中国奴隶社会的人殉和人祭》一文中统计，殷墟甲骨中人祭卜辞近2000条，卜用人牲14000余人次，其中用羌人近8000人次。为了反抗残酷的奴隶制度，羌人奴隶不断掀起反抗斗争，沉重打击了商朝奴隶主的腐朽统治，加速了商朝的覆灭。

助周灭商

商朝末年，生活在渭水流域的周人逐步发展壮大起来。说起周人的祖先，史书上还记载有一段与羌人有关的奇异传说。据说周人的始祖名叫后稷，姓姬，相传无父而生。他的母亲叫姜嫄，是姜姓羌人部落的一位女子。有一次,姜嫄在野外看见一些巨大的脚印,觉得非常奇怪。当她把自己的脚放到其中的一个脚印上,想量一量它的大小时,身子突然剧烈地动了起来,不久就有了身孕。后来,姜嫄生下一个儿子,以为不吉利,接连好几次将他丢弃在野外,但每次都得到神灵的保佑活了下来,她以为这孩子是天神,便将他抚养长大,并取名为弃。弃长大以后,非常擅于种植庄稼,被部落联盟首领尧任命为农师。舜在位的时候,弃被册封在邰这个地方,号后稷。《诗经·大雅·生民》记载说:"厥初生民,时维姜嫄。"周人对姜嫄十分崇敬,甚至把她作为始祖母。

夏朝的时候,弃的后代一直担任后稷这个官职。夏朝末年,天下大乱,周人先祖失去后稷的官职后向西迁徙,来到了戎、狄等族居住的地方。由于经常受到戎、狄的侵扰,公刘担任首领时,率领族人迁到了豳(在今陕西省彬县、旬邑县一带)这个地方。到了古公亶父时,周人又从豳迁到了岐山之下的周原。由于周原地势平坦,土地肥沃,适宜农业生产,周人便在这里建造城邑,开始了定居生活。为了壮大自己的力量,周人与邻近的姜姓羌人部落进行联姻,古公亶父本人就娶了姜水之滨的姜姓部落一位女子做他的妻子(后人称她为太姜),相互之间结成了牢固的政治联盟。此后,许多周族首领都娶姜姓羌人女子做妻子。在姜族部落的大力支持下,周人的势力一天天强大起来,很快就成为商朝西部的一个强国。

周人的迅速崛起,引起了商朝统治者的关注和不安,他们设法将周的首领季历杀害。季历的儿子姬昌继位,就是历史上有名的周文王。周文王表面上与商朝保持臣属关系,暗地里却在努力发展生产,加紧训练军队,并且礼贤下士,广纳各方英才,积极为消灭商朝做准备。周文王著名的谋士姜尚就是在这个时候被招徕到他的麾下,拜为军师,受到重用。此后,周文王在消灭了与之毗邻的商的属国崇国后,将都城迁到了丰。迁都后的第二年,周文王就去世了,他的儿子姬发即武王继位。周武王也娶姜姓女子为妻,称之为"邑姜"。在姜族盟友的支持和周公旦、姜尚等谋臣的辅佐下,周武王开始了讨伐商朝的军事行动。他首先在孟津检阅军队,并且召集了800多名诸侯和部落首领举行会盟,广泛团结了商以外的各种力量。随后,他率领由300辆戎车、3000名虎贲、45000名甲士组成的周、羌联军,渡过黄河,向商的都城进发。武王十一年,武王在牧野举行了声势浩大的誓师大会,对羌、庸、蜀、髳、微、卢、彭、濮等盟友进行了慰问,并且号召和激励他们团结起来奋勇战斗，推翻商朝的腐朽统治。由于反商联军的英勇作战和商朝奴隶军队临阵倒戈，号称70万的商军全线崩溃，商纣王逃回朝歌自焚而死，商朝宣告灭亡。

周朝灭商后不久，周武王就去世了，年幼的成王继承王位，武王的弟弟周公旦执政。周公旦执政引起了周统治阶级内部的不和，武王的弟弟管叔和蔡叔勾结商朝残余势力发动了叛乱，东夷族也群起响应，刚刚建立起来的周朝面临着严峻考验。周公旦在姜姓部族的支持下，毅然率兵进行东征，经过三年的艰苦斗争，最终平定了叛乱，稳定了政局。为了加强对全国各地的统治，周朝分封许多功臣和贵族到各地做诸侯，作为周朝的屏藩。分封的诸侯国中，姬姓同族最多，再下来就是有姻亲关系的姜姓，分封的诸侯国有齐、吕、申、许、纪、向、州、彰、历等。著名的谋臣姜尚被分封在齐这个地方。这些姜姓诸侯在周王室享有很高的地位，与周王室的关系非常密切，在巩固周王室的统治方面发挥了非常重要的作用。他们在进入中原地区做了贵族后，就入乡随俗，慢慢改变了原有的一些生活习俗，逐步融入当地的华夏族当中了，为汉民族的发展再次注入了新鲜血液。

东周时期，当中原地区众多羌人姜姓部族逐渐融入华夏族的同时，与羌人有着密切联系但自成一族的诸戎开始大量涌入中原地区,他们散居各地,异常活跃。例如姜氏戎原居瓜州(今陕西凤翔县),后被晋迁到其国东南的陆浑之地。这一带是野兽出没的荒芜之区,姜氏戎通过艰辛的劳动予以垦辟。不仅如此,他们还是晋国的一支重要的军事力量,常常参加对外战争,为晋国的富强作出了贡献。在当时战争激荡的环境里,迁入中原地区的羌、戎多融合于华夏族中。在西方的羌、戎则更多被秦国所融合。如义渠国,地处今甘肃东部、宁夏以及内蒙古河套以南之地,已经能够建筑城堡,农业生产发展到了一定水平。由于领域颇广,力量较强,是秦国称霸西戎的主要障碍,两国间不断发生战争。秦厉公二十三年(公元前444年)秦攻义渠,俘其王,14年后义渠反攻,深入秦内地的渭水区域,直到秦昭王三十五年(公元前272年)秦才灭义渠国,于其地置陇西、北地、上郡。秦灭义渠后,中原一带的诸戎或者外迁,或者被融合了。

三、甘青地区羌人的古文化遗存

夏商西周时期,西北地区的考古学文化主要有齐家文化、四坝文化、卡约文化、辛店文化、寺洼文化、刘家文化、诺木洪文化等。齐家文化、四坝文化、卡约文化、辛店文化、诺木洪文化的族属是羌戎，刘家文化的族属是羌人中的分支姜姓部族，已基本成为学术界的共识，唯独寺洼文化的族属争议较大，最早认为属于氐羌民族，后来有认为是薰育戎狄文化遗存的，有认为是犬戎遗留的，有认为是古代氐族遗留的，至今没有统一的认识。从宏观的角度来看，整个甘青地区的远古文化与羌人或其先民都有一定联系。具体而言，齐家文化是古代羌文化形成的时期，齐家文化之后，分化出了四坝文化、卡约文化、辛店文化、诺木洪文化等不同的羌文化，成为羌文化分化发展的重要时期。而齐家文化之前的马家窑文化，与齐家文化有着继承发展的关系，有可能是先羌文化，是孕育羌文化的一个历史阶段。

齐家文化

齐家文化1924年首次发现于甘肃省广河县齐家坪，存在时间大约在公元前2200年至公元前1600年之间，主要分布在甘肃、青海境内的黄河沿岸及其支流、陕西西北部、内蒙古西部和宁夏部分地方。目前，西北地区发现的齐家文化遗址超过1100处，其中甘肃境内有650余处，青海省境内有430多处，宁夏境内有20余处，青海乐都柳湾墓地发掘齐家文化墓葬366座，是迄今为止发掘规模最大、出土文物最多的一处氏族公共墓地。

齐家文化时期的人们过着比较稳定的定居生活，居住在方形或圆形的半地穴式房屋中，地面和四壁均抹白灰，地面的白灰厚度大多在0.5厘米左右，坚实而平整，不仅美观而且具有防潮的作用，是齐家文化的先民在建筑技术上的一个创举。这时，原始农业仍然是最主要的经济行业，生产工具仍以石器为主，但在选材上采用了硬度较高的玉、石料，精工细琢，造型规整，刃部锋利。家畜饲养业有较大发展，饲养的家畜有狗、猪、羊、牛、马、驴等。在青海湖滨的沙柳河遗址中，就发现有大量的鱼骨、鹿和大角羊的骨骼，以及盘状器、网坠、骨镞等渔猎工具，说明渔猎仍是重要的辅助经济。

齐家文化的手工业生产技艺较之马家窑文化已经有了明显的进步。在陶器制作方面，虽然彩陶数量比较少，但在陶器制作过程中开始使用轮制技术，不仅提高了生产效率，陶器质量也有了很大提高。此外，当时的人们还掌握了氧化焰和还原焰的烧窑技术，烧制的陶器比较精致，质地细腻，部分器物的表面还打磨得十分光滑，其中薄胎磨光的双大耳罐和高领双耳陶罐是最为典型的器物。在金属冶炼方面，最为引人瞩目的是出现了冶铜业。尽管当时的冶铜技术尚处在初始阶段，但它突破了若干万年的制石工艺，标志着生产力水平有了新的飞跃，宣告青海的历史发展从此进入了青铜器时代。青海境内的齐家文化遗存中发现的青铜器主要有铜刀、铜镜、铜泡、铜指环与铜饰品，其中贵南县尕马台齐家文化遗址出土的一面单范浇铸而成的青铜镜，直径9厘米，表面光滑，背面有纽，并饰有七角形几何图案，是目前已知我国最早的铜镜，它的发现在我国古代冶金史上具有划时代的意义。在玉器加工方面，在青海的齐家文化遗址中普遍发现有玉器，品种繁多，工艺精美。这些玉器除工具类的刀、斧、锛、纺轮等之外，最常见的当属以璧为代表的各种礼器，由于其文化内涵极其丰富，玉文化因之成为齐家文化的重要特征。青海民和喇家齐家文化遗址中不仅出土了多种玉器，还有未加工或半加工的玉料、玉坯以及玉器残屑、下脚料等，玉料大致来源于青海西部昆仑山东缘的昆仑玉和新疆和田玉，说明当时该地极有可能已有制作玉器的作坊。

在齐家文化墓葬中，出现了规模大小及随葬品多寡悬殊的现象，表明生产资料的私人占有和贫富分化十分显著。同时，墓葬中有较多的成年男女合葬墓，表明一夫一妻或一夫多妻制婚姻形态已经比较普遍，而且合葬墓中常见男性仰身直肢、女性面朝男性侧身屈肢的葬式，学者们多认为女性身份当为妻或妾，属于殉葬，是私有制推动下女性逐渐居于从属甚至被奴役地位、父权制进一步得到巩固的写照。

民和喇家遗址是以齐家文化为主的一处以窑洞建筑为主体的原始聚落，毁于地震和洪水灾难，是罕见的史前灾难遗址。该遗址不仅发现了象征至高无上权力的所谓"王者之器"——被誉为"黄河磐王"的巨大的矩形石磐和国内最大的玉刀，还发现有广场、环壕、祭坛以及可能是属于部落政教首领的高规格墓葬等，表明这里应该是当时的社会权力中心或原始城堡，并已发展出比较复杂完善的社会政治结构。

四坝文化

四坝文化因在甘肃山丹四坝滩首次发现而得名，距今约3900年至3400年，相当于夏代晚期和商代早期，主要分布在河西走廊中西部地区，东起山丹，西至安西以及新疆东部哈密盆地一带。四坝文化源自河西马厂类型,在其发展过程中又吸收了齐家文化因素,是河西走廊最重要的一支含有大量彩陶的青铜文化。

四坝文化时期羌人的经济形态大多属于半农半牧类型,由于所处地理位置不同与生态环境的影响,有的地区偏重于农业,有的地区偏重于畜牧业或狩猎业,同时兼营农业生产。但不论经营哪一种经济类型,从已发现建筑遗迹看,当时的居民过着比较稳定的定居生活。房址有半地穴式和平地起建式两种:半地穴式均为长方形,地面经硬化处理,并有一至数个烧烤坑和数个储藏坑;平地起建式房址较复杂,多为长方形。生活中使用的陶器以夹砂红、褐陶为主,质地粗糙,有一定数量的彩陶。陶器器形多样,以罐、壶为主,四耳带盖罐、腹耳壶是其代表性器物,有的造型较奇特。彩陶有红、黑两种,盛行紫红色陶衣,兼有部分黄白色陶衣。陶器纹饰有三角纹、折线纹、条带纹、蜥蜴纹、回纹和圆点纹等。它的某些器型和彩绘图案与马厂类型、齐家文化较为接近,说明曾接受了它们的强烈影响。

四坝文化的墓葬形制有竖穴偏洞墓、竖穴土坑墓和积石墓多种。葬式以仰身直肢葬为主,少量为侧身屈肢葬或俯身葬,也有合葬墓和乱骨葬。此外,在一些墓葬中发现有火葬痕迹。墓葬中普遍随葬羊角及羊骨，与辛店、卡约文化墓葬普遍随葬有羊骨遗骸的现象相一致。此外，人种学的资料显示，四坝文化居民接近现代华北类型的东亚蒙古人种，与河湟区的古代人种分布是一致的，均属"古西北类型"。

四坝文化的一大特点是金属器物的大量使用，说明当时的人们已掌握了采矿、冶炼、制造和铸造成型等生产工艺，冶铜业更趋成熟。铜器大部分由铸造而成，玉门市火烧沟出土的一件四羊铜权杖杖首为分铸，这是我国目前发现最早的分铸铜器。根据成分测定，四坝文化的铜器合金成分复杂，既有锡青铜和铅锡青铜，又有砷青铜以及其他合金制品。四坝文化普遍发现砷青铜，这一特征与西亚、南欧及北非的早期铜制品相同，反映出四坝文化有可能与西亚文明存在某种形式的联系。

卡约文化

卡约文化因1923年首次发现于今青海省湟中区云谷川的卡约村而得名，是青铜器时代继齐家文化之后青海境内主要的土著文化，其存在的时间大致在公元前1600年至公元前600年之间，有些地方甚至延续到了汉代末年。青海境内卡约文化遗存的分布以西宁、湟中为中心，向四周作辐射状扩展，目前调查发现的遗存多达1700余处。

卡约文化时期的羌人，农牧兼营。从地域分布看，生活在日月山以东地区的羌人以农业生产为主，兼营畜牧业；生活在日月山以西地区的羌人以逐水草迁徙的游牧生活为主。生活在青海湖周围的一部分羌人还以打猎捕鱼为生。他们使用的生产工具十分简陋，大多是用石块、骨头磨制而成的，同时还有少量用青铜制作的刀、钺、镰等。种植的农作物主要有粟和麦，畜养的牲畜主要有牛、羊、马、猪等。当时，大部分人仍然居住在低矮的半地穴式房屋里，只有很少的一些房屋是全部建在地面上的，而且这些房屋的地面都稍有倾斜，四面都没有墙壁，和现代藏族居住的牛毛帐房的地面非常相似。为了使房屋内的地面坚固耐用，人们还常常在地上铺上厚厚的一层红胶泥。为了取水方便和预防洪水，房屋大多建在河流两岸地势较高的台地上。也有一部分房屋建在高山或地势险要的地方，以预防其他部族入侵。

卡约文化时期的羌人不仅是出色的农民和牧人，同时也是出色的手工艺人。他们已经掌握了一定的制陶技术，烧制的彩陶不仅有双耳罐、四耳罐、杯、瓮、鬲、盆、碗等，器形丰富多样，在陶器表面还刻有各种不同的花纹和动物图案，既美观又实用，是生产生活中必不可少的用品。此外，他们铸造青铜器的技术也相当高超，铸造的青铜器品种繁多，用途广泛，有铜刀、铜矛、铜斧、铜镞、铜戈，也有铜镜、铜铃、铜泡、铜环等。湟源县大华乡中庄村出土的鸠首牛犬杖首、四面铜人饰、鸟形铜铃等几件青铜器，都是这个时期羌人的杰作。其中鸠首牛犬杖首是在一个像鸠头一样的杖銎上面，一头塑铸有一条昂首张口翘尾的猛犬，另一头塑铸有一头耸肩奋力的母牛，牛犬相对而立，像是要搏斗的样子。母牛腹下，有一头正在吮奶的牛犊，神态安然。这件青铜器构思巧妙，造型生动，是用多个范具合铸而成的，是卡约文化时期羌人铸造的青铜器中不可多得的精品。

对于生死，他们有自己的独特看法，实行着一种非常特殊的葬俗。每当有人去世后，先将死者埋葬。几年后，再次将坟墓打开，故意打乱尸骨的位置，甚至故意打碎或取走一部分尸骨，然后将坟墓掩埋好。他们相信，这样可以使死者的灵魂早日升入天堂，得到永久的安息。这时候，社会贫富分化日益明显。富有的人去世后，常常会在坟墓中埋入很多的陪葬品。陪葬品中除了有生活用具、装饰品及牛、羊等牲畜外，甚至还有被主人视为私人财产的奴隶,说明这时的羌人社会正逐步酝酿着跨入阶级社会的门槛。

辛店文化

大约公元前1400年至公元前700年左右,在西北地区活跃着另外一支羌人,他们在征服自然改造自然的过程中缔造了一种青铜器文化——辛店文化。辛店文化因首次发现于甘肃省临洮县辛店村而被命名,在很长一段时间内与西部的卡约文化、东部的刘家文化同时并存,分布范围比较广泛,在黄河上游及其支流渭河、洮河、大夏河、湟水等流域都有分布,在大夏河、湟水流域分布比较集中。目前,西北地区发现的辛店文化遗址350多处,其中甘肃境内约有160处,青海境内约有193处,陕西宝鸡境内约有3处。

辛店文化时期的羌人以农业生产为主,同时还兼营一定规模的畜牧业生产,生活来源比以前更加丰富充裕。人们居住的房屋主要是长方形半地穴式建筑,但同时使用很多窑穴。在生产生活中使用的工具,大都是用石头和骨头做成的。石制工具中最多最普遍的是刀、铲、斧等。骨制工具中比较常见的骨铲是用动物的肩胛骨或下颚骨做成的,不但制作起来非常方便,而且刃部非常锋利,提高了劳动效率。在长期的畜牧业生产中,人们积累了丰富的畜牧业生产经验。他们畜养最多的牲畜是羊,羊肉味美可口,营养价值很高,羊毛、羊皮可以制作成衣服,是人们重要的生活来源。有时,为了弥补农牧业生产收获的不足,人们还常常捕猎鹿、鼠等一些野生动物。

这个时期羌人的手工业生产水平比以前有了明显的进步。在陶器制作方面,已经普遍使用泥条盘筑法,对陶器表面的处理也很仔细,彩陶花纹图案的绘制也有了一些变化和创新。如:在陶器表面拍印的绳纹上,通常还绘有彩色花纹图案,层次分明,色彩斑斓,而且不同的花纹图案与器物不同的部位相配合,形成了一定的规律。彩绘双勾纹(羊角纹)的双耳彩罐和瓮是最典型的器物,也是辛店文化的重要标志。由于辛店文化时期的羌人在地域上与中原地区更为接近,因而在陶器制作方面也受到了中原地区的一些影响。如:把中原地区青铜器上的连续回纹、云雷纹等应用到了自己制作的陶器上;模仿中原地区陶器的形状,制作了一些双耳袋足鬲等。在冶炼铜器方面,他们也在实践中逐步掌握了较高的工艺技术,除了能铸造各种小型的青铜工具和装饰品外,还能铸造一些形体较大的青铜容器。

刘家文化

刘家文化是今陕西宝鸡和甘肃陇东地区的一支商代青铜考古学文化,被学者们普遍认为是商代羌人中的姜姓部族创造的地方文化,主要分布于关中平原西部及其以北山区,北到平凉一带,东不过子午岭,向西一度扩展到甘肃天水、庄浪一带。刘家文化是在齐家文化川口河类型的基础上发展起来的,而齐家文化川口河类型是齐家文化向东越过陇山进入到陇东汧河上游的一支。有学者推测其东传的年代为距今4200至3800年之间,相当于夏代早期或略晚,恰好与虞夏之际吻合,推测应该是姜姓四岳国的文化遗存。刘家文化与辛店文化、卡约文化同时存在,曾经受到两者的影响。同时,刘家文化与陕西关中地区的先周文化长期相邻共处,后又逐渐融入周文化之中。

刘家文化的陶器以单耳罐、双耳罐、腹耳罐(壶)等罐类为主,并有大量高领袋足鬲,不仅盛行高领乳状袋足分裆鬲,还使用高领单耳圆腹罐、双耳或双大耳圆腹罐、腹耳圆腹罐等陶器,也有少量的袋足甗与折肩罐。刘家文化墓葬最显著的一个特点就是偏洞室墓,这种偏洞室墓不但带竖穴墓道,而且墓道有台阶。

墓葬中普遍随葬石块,与当时居民的宗教信仰有关,反映的可能正是羌人对白石的崇拜。

诺木洪文化

大约到了距今2900年左右的西周时期,在柴达木盆地生活着另外一支羌人,他们是卡约文化时期羌人的后裔,也是柴达木盆地较早的开发者。在严酷的自然条件下,他们顽强搏斗,创造了青海地区又一种青铜器文化和土著文化——诺木洪文化。

由于社会生产力有了进一步的发展,这个时期羌人的生活来源更加充足稳定,过着定居的生活。他们建造房屋的技术相当高超,已经开始在地面上建造大小不等的圆形或方形的房屋,彻底告别了以往的半地穴式房屋。房屋的墙是用三行平铺的手制土坯砌成的,相当规整坚固。这种土坯的制作非常简单,先是用水把泥拌匀,然后放在土坯模内用手抹平,因此,土坯的一面通常留有手抹的痕迹。为了防风,人们还在墙面上抹了一层草拌泥。屋顶是用许多木架通过简单的榫卯方法组装起来的,不仅十分坚固,还能防风避雨。

在长期的农业生产实践中,羌人不断改进生产工具，提高生产效率。如：他们在较大的兽骨的骨臼处凿出一个长方形或圆形的銎，装上木柄，或者在銎的一侧凿一个小孔，安装上一个横着的短木棍，外观结构和今天农民使用的铁锹非常相似。横放的小木棍既可以使木柄更加牢固，又可以供人踩脚用，增加骨铲的入土深度，是一项重大的技术创新。此外，在羌人生活的周围地区，有大片优良的草场，为他们发展畜牧业生产提供了非常便利的条件。他们利用草场放牧一部分牲畜的同时，在房屋附近修建了一些围栏，用农作物的秸秆来圈养一部分牲畜，扩大了生产规模，丰富了畜牧业生产方式，提高了畜牧业生产效率。

随着畜牧业的进一步发展，羌人的牲畜毛、皮加工技术有了长足的进步，衣着也相应地发生了一些变化。他们将绵羊毛纺成毛线、毛绳，然后再将毛线织成毛布，剪裁成简单的衣服。他们还掌握了一定的染色技术，可以在一些毛织品上染上各种颜色。此外，他们还用牛皮制成最简单的皮鞋——革履。这种皮鞋虽然结构简单、外观笨拙，但已经有鞋底、鞋帮，穿起来方便舒适，经久耐用。

这个时候，陶器虽然仍是日常生活中必不可少器具，但由于没有太高的外观要求，因而在制作上也不如以前那么精心和细致，只要坚固耐用就行。由于当地有可以用来炼铜的矿石，人们便就地取材，在当地冶炼青铜，铸造刀、镞、钺等，制作工艺也比较精细。由于铜的冶炼和铸造非常困难，因此，铜制工具在当时人们使用的各种工具中所占的比重仍比较小，也非常珍贵。在诺木洪文化遗址中，还出土了大量有4个音孔的骨笛，现在人们一般认为，这些骨笛便是后来声声"怨杨柳"的羌笛的雏形。

值得一提的是，这一地区的羌人已经开始使用木车，虽然我们无法想象出它的形状、构造，但它的出现，无疑极大地改变了当时青海地区的交通状况，是一个划时代的进步。

四、亦人亦神的西王母

作为人的西王母

公元前11世纪至公元前5世纪，青海地区生活着许多羌人部落。这些羌人部落利用这里广阔丰美的草原，发展畜牧业生产，过着逐水草而居的游牧生活。在众多的羌人部落中，有一个名叫西膜（或西母）的部落,生活在青海湖畔,管辖着上万户人民,势力非常强大。西膜部落的人们有自己的语言,他们把黑水叫作鸿鹭,把苦山叫作茂苑。部落中每年都要定期举行重大的祭祀、占卜活动,届时要跳驱邪禳灾的舞蹈。跳舞时,每个跳舞的人都蓬头披发,脸上装扮成老虎的模样,口角边挂着虎牙,身上也画上虎纹,臀部绑上一条豹子的尾巴,然后手舞足蹈,唱着节奏感很强的曲调。他们的首领被人们称作西王母,居住在一个石洞中。每当老首领去世后,继任的新首领又被称为西王母。因此,许多史书又将这个部落称为西王母国或西王母之邦。

到了西周的时候,西王母国与中原地区已经有了一定的联系和交往。史书记载说,周昭王在位的时候,强大的周王朝已经开始走下坡路了。周的一些属国开始对周王室不理不睬,还常常不按时向周王室进贡。昭王的儿子姬满即周穆王继位后,决心恢复先人的霸业和周王朝的统治权威。为了重振国威,他率兵四处征战。周穆王十七年,属国犬戎又没有来进贡,周穆王决定亲自率兵征伐犬戎。当时,朝中的一些大臣考虑到国家连年用兵,国库空虚,人民困顿,上下厌战,再三劝阻周穆王对周边属国不要一味用兵讨伐,而要采取怀柔政策,制敌于千里之外。

在外征战多年的周穆王早已习惯了用武力解决问题，树立威信，因此，根本听不进大臣们说的那套大道理，执意要出兵。

夏天的一个吉日，周穆王乘坐着由八匹骏马拉的漂亮车子，由著名的驾车手造父驾驶，带着大量的丝帛珍玩，率领跟随他征战多年的军队踏上了西征的路途。在经过了无数次的浴血奋战后，周军终于打败了犬戎，获得了很多战利品。但周穆王并没有就此罢兵的意思，他想乘胜征服更多的部落和民众，于是指挥军队继续向西进发。在经过了许多个日夜的风餐露宿和艰苦跋涉后，周穆王的西征大军终于来到了青海湖畔的西王母国。西王母国上下对周朝军队的突然到来既惊奇又害怕。他们的首领西王母见周军势力强大，便采取和好政策，表示愿意做周的属国，向周朝进贡。周穆王接受了西王母的请求，并且提出要举行一次正式的会晤。

在一个风和日丽的日子，周穆王和西王母在青海湖畔举行了隆重的会面。西王母以臣子的礼节拜见了周穆王，周穆王手中拿着象征权力和尊贵的白圭元璧，接受了西王母的拜见，并且将一百纯锦组、三百纯白组赏赐给了西王母。西王母愉快地接受了这些礼物，并再次重申了愿做周朝属国的立场。几天后,西王母在昆仑山上的瑶池设宴款待周穆王。席间,二人开怀畅饮,无话不谈,大有英雄相见恨晚之感。西王母在高兴之余翩翩起舞,并有感而发,即兴唱了一首《白云歌》:"白云在天,山陵自出。道里悠远,山川间之。将子无死,尚能复来。"(大意是说朵朵白云飘在天上,山头从云层中伸了出来。道路是那样的遥远,茫茫山川将我们隔开。如果你能健康长寿的话,请你再一次来到我们这里。)赠予周穆王。周穆王也即席对歌一首:"予归东土,和治诸夏。万民平均,吾顾见汝。比及三年,将复而野。"(大意是说不久我就要返回中原,使国家和平安定。等到百姓都富裕了,我会再来把你探访。不出三年,我们将再次相会在这美丽的草原上。)回赠西王母。直到日落时分,盛大宴席方告结束。为了纪念这次难忘的盛会,周穆王登上弇山,将瑶池盛会的情形刻在山顶的大石之上,并立了一块木牌,上书"西王母之山"五个大字。

青海湖畔美丽的风光,西王母殷勤的款待,使周穆王流连忘返。停留了许多日子后,中原地区传来了徐偃王反叛的消息,乐不思蜀的周穆王才率兵匆匆返回。临走时,西王母为周穆王举行了盛大的欢送仪式,再三恳请周穆王方便的时候到这里来访问,并且赠送了许多珍贵的礼品。周穆王挑选了3车玉版、上万只美玉,依依不舍地离开了西王母国,踏上了回国的路途。40年后,不忘诺言的西王母长途跋涉亲自到宗周(西周都城,在今陕西西安市西)进行朝觐和回访。已过花甲之年的周穆王在他父王的宫殿——昭宫中接待了西王母,重温了40年前瑶池盛会的情形。西王母在宗周逗留了一些日子后,就告别周穆王返回了自己的部落。西王母的回访活动,进一步加强了青海地区羌人与中原人民的联系和交流,促进了青海地区羌人经济社会的发展。周穆王西巡时与西王母在昆仑山瑶池会面的故事,被《穆天子传》(又叫《周穆王游记》或《周王传》)《竹书纪年》《史记》等古代史书记载并流传下来,成为中华民族相互之间友好往来、共同发展进步的历史佳话。

到了魏晋南北朝时,前凉酒泉太守马岌上书前凉国王张骏,认为酒泉南山是昆仑山的支脉,周穆王西巡时会见西王母,乐而忘返,说的就是这座山。这座山中有石室玉堂,美玉珠宝,宛若神宫。宜立西王母祠,以祚朝廷无疆之福。张骏采纳了马岌的建议,但还没有来得及动工兴建就去世了。张骏的儿子张重华继位后,派人在盐池(今青海湖西南的茶卡盐湖)附近的西王母石室前修建了西王母祠(或称西王母寺)。大约过了半个世纪后,北凉国王沮渠蒙逊率兵击败居住在青海湖畔的卑和虏后，沿着青海湖畔向西前进，到达盐池，祭祀了前凉修建在这里的西王母寺（祠）。当时，寺中有一幅《玄石神图》，沮渠蒙逊还命令中书侍郎张穆写了一篇赋刻在石头上，立在寺前。

1995年，青海省的考古学者在青海湖滨的天峻县关角乡的关角日吉沟脑发现了西王母寺（祠）的遗迹。寺址东西长约七八十米，南北宽约五六十米，并且在遗址中发现了带有"长乐未央""常乐万亿"铭文的瓦当，但《玄石神图》和张穆赋石刻早已不知所踪。寺址对面70米处有一天然石洞，原名二郎洞（又叫甘居洞），呈不规则椭圆形，最高处有18米，主洞长12米、宽6米许，另有3个偏洞，面积合计有130多平方米。洞门宽2米、高3米，朝西开，门外有人工雕琢的大石垒砌的石墙。许多考古学者认为这个石洞就是史书上记载的西王母石室。

作为神的西王母

许多年以后，当居住在昆仑山下青海湖畔的西王母这个真实人物消失在历史烟云之中时，却以美丽女神的面目出现在中国古代神话中，并逐渐成为昆仑神话的主要人物。

早在战国时,地理书籍《山海经》开始将西王母描绘成一个具有很大神通和浓厚神话色彩的人物,说其居住在玉山之上,主管着上天的灾厉及五刑、残杀之气,玉山的南面有3只青鸟,为其寻找食物。大约到了汉代以后,由于道教的日益兴盛,西王母逐渐由真实的历史人物演变为神话人物了。西汉时淮南王刘安和他的门客们撰写的《淮南子》一书说,西王母手中掌握着不死之药,英雄后羿曾请求她赐予不死之药。汉代冒充班固之名撰写的《汉武故事》和《汉武帝内传》等书也说,汉武帝在晚年时非常喜欢仙道之术,常常祭祀名山大川以求仙。有一天,西王母的使者乘着白鹿来到人间告诉汉武帝,七月七日的晚上,西王母将要降临,要会一会圣明的人间天子。七月七日晚上,汉武帝摆下筵席等候西王母的到来。夜漏七刻,天空中紫气弥漫,仙乐阵阵。不一会儿,就见西王母坐着由九色龙拉的车子缓缓而来,旁边跟随着许多仙女,3只青鸟也在左右侍候。西王母的年龄大约有30岁,身材修长,胖瘦适中,姿态万方,容貌绝世。汉武帝拜过西王母后,请求赐予不死之药。西王母摇头说,你俗世的情结还未斩断,欲望尚多,即使有了不死之药,也是徒然。说罢便从怀中拿出七个桃子，自己吃了两个，给了汉武帝五个。汉武帝打算留下桃核以后种植，西王母笑着说道，这种桃子三千年一结果，不是凡间的土地能够种植的。西王母临走时，还将《五真图》《灵光经》等道教经籍赠给了汉武帝。从此，西王母由青海羌人首领变成了美丽的女性神仙。冒充东方朔之名撰写的《神异经》一书，又以周穆王为原型，塑造出了另一个与西王母相对的神话人物东王公。东汉时的壁画、画像砖、铜镜上常常刻有以"东王公、西王母"为题材的画面或铭文。

随着时间的推移，西王母在神界的地位和身份也不断发生着变化，慢慢成了天上众女神的首领，各地民间也开始信仰起西王母这位神通广大的女神了，关于她的各种神话传说也越来越多。明代以后，随着《西游记》《封神演义》等著作的广泛流传，王母娘娘以及蟠桃盛会的各种故事便家喻户晓、妇孺皆知了。

西王母由人演变成神仙后，其性别、容貌、能力、活动的时空范围等均发生了很大变化，成为两个截然不同的形象。作为神的西王母是女性，神通越来越大，容貌越来越美，有关她的传说也越来越多，流传越来越广。而作为人的西王母则是男性，越来越不为人所知。作为人的西王母与青海有关，作为神的西王母与青海越来越没有关系。

秦汉时期河湟羌人的兴盛与迁徙

一、无弋爰剑避难湟中

被俘为奴

西周以来,与商、周发生联系的羌人相继消失在历史烟云之中,生活在青海河湟地区的羌人又崭露头角,逐步发展壮大起来。

河湟地区羌人的兴起,与西周以来秦国势力的不断发展壮大和渭河上游许多戎族部落在秦国的威胁下不断西迁有着密切的关系。史书记载,春秋时期,在陇山以西的渭水、泾水上游地区生活着绵诸、绲夷、翟、獂、大荔、义渠等许多戎人部族,被称为"西戎八国"。在关中周原立国的秦国,在最初几任国君的不懈努力下,通过不断兼并周围的一些戎族部落逐步强大起来。公元前659年秦穆公做了秦国的国君后,任用百里奚、蹇叔为谋臣,励精图治,积极开疆拓土。在东进中原地区失利后,他采纳谋臣由余的建议,积极向戎族居住的秦国西部和北部地区扩张势力,先后吞并了许多戎族部落,开辟国土千里,大大拓展了秦国的疆域。

受到秦国势力挤压的戎族,在大部分为秦国征服并成为秦国郡县统治下的属民外,一部分向东方的中原地区迁徙,而生活在渭河上游地区的一部分不断向西迁徙,来到了今天的青海河湟地区。那时候,河湟地区仍然比较荒凉,凶禽猛兽时常出没。生活在那里的羌人部落,主要从事狩猎活动,很少种植农作物,生产力发展水平仍然比较低。大量戎族人来到这里的同时,也将他们掌握的许多先进农业生产技术带到了这里,传授给了当地的羌人,促进了当地农业经济的发展,也推动了羌人社会的进步。

在众多西迁的戎族人当中,有一个名叫爰剑的男子。他虽然相貌平平,但非常有名。关于他的身世,相关的史书上没有详细的记载。有人说他是某个戎族部落中非常有地位的人,甚至有人猜测说他是义渠这个历史上非常著名的戎族国家的国君。关于他流落河湟地区的经过,史书上还有一段颇具神奇色彩的记载。说秦厉共公做秦国国君时,为了拓展疆域,发兵攻打爰剑所在的部落。尽管爰剑所在的部落进行了顽强抵抗,但双方实力悬殊太大,爰剑所在的部落最终被秦军打败。获胜后的秦军大肆抢掠,爰剑也被秦军俘虏后带到了秦国,当作奴隶来使唤。白天,他被驱赶到田里干活,夜晚睡在阴暗的地牢里,常常吃不饱、穿不暖,过着牛马不如的生活,处境非常悲惨。

岩穴脱险

身处困境的爰剑难以忍受非人的生活,慢慢地就产生了逃跑的念头。有一天,他趁管理人员不注意,乘机逃了出来。秦人发现后,马上派军队进行追捕。由于秦国军队追得很急,为了逃命,爰剑在离开秦国国境后一直向西跑,自己也不知道到了什么地方。

有一次,眼看后面的秦军就要追上来了,爰剑情急之下钻进路旁的一个山洞中藏了起来。秦军见爰剑躲进了山洞,便将山洞团团围了起来。但由于山洞口比较小,里面又深又暗,秦军不敢进洞抓人。最后,他们在山洞口堆起了柴堆,打算用烟将爰剑逼出来。柴堆被点着后,火势很猛,一股股浓烟借着风势灌入洞中。爰剑见秦军在洞口放起火来,大惊失色,一时间也没了主意。不一会儿,山洞中浓烟滚滚,薰得爰剑又是流眼泪又是流鼻涕,呼吸也越来越困难。爰剑见求生无望,无奈地长叹一声道:"天灭我也!我爰剑好不容易逃出魔窟,难道今天就要葬身这石洞中不成!"

就在爰剑万念俱灰时,忽然,山洞口出现了一大团青色的云气,形状像一头猛虎,迅速飘到爰剑的身体上方,将他罩住。柴堆烧完之后,秦军见洞中毫无动静,估计爰剑早已被浓烟熏死,顾不得仔细查看就回去复命了。从鬼门关拣回一条性命的爰剑见追捕他的秦军走后,就从山洞中走了出来,长长地舒了一口气。而爰剑在山洞中获救的奇异经过都被当地的一些羌人看在眼里,觉得爰剑是一个非同寻常的奇人。

避难河湟

爰剑在山洞中躲过一劫后,虽庆幸自己大难不死必有后福,但一想起今后的生计与出路,不禁双眉紧锁,犯起愁来。向东返回故乡寻找亲人,已不可能,因为故土已被秦国占领,亲人离散,不知下落,而且那里有秦国军队驻守,自己回去岂不是羊入虎口。向西走,山川茫茫,不知哪里是栖身之处。犹豫良久,爱剑最终决定往西走,碰一碰运气再说。实在待不下去,再另谋出路。

在向西流浪的路上,爱剑结识了一位同伴。从她的诉说中他才知道,这位浪迹天涯的女子,也是位苦命人。残酷的战争夺去了她的家人,凶恶的敌人又割去了她的鼻子,使她的身心遭到了严重创伤。为了不使人看见她丑陋的面孔,她将头发披在脸前,靠行乞生活。由于有着相似的悲惨经历,二人互生怜悯之心,最后结为了夫妻。

为了寻找新的家园,这对落难夫妻一直向西前进。经过一个多月的艰苦跋涉,夫妻二人风尘仆仆地来到了羌人聚居的河湟谷地,并在这里暂时居住下来。由于爱剑性格豪放,为人仗义,加之见多识广,很有谋略,因此很快在当地羌人中赢得了声望。最后,众人经过商议,决定推举爱剑为他们的部落首领。为了不辜负大家对自己的信任,爱剑将自己掌握的一些先进的农牧业技术和经验毫无保留地传授给了大家,使羌人传统的畜牧业生产有了更大发展,而且农业生产也有了一定的规模,社会经济结构发生了明显的变化。

由于爱剑的到来使整个部落的面貌发生了很大变化,因此他在部落中的威信越来越高,周围一些部落的人也不断来投奔他。时间一长，爱剑所在部落的势力一天比一天强大起来，在河湟地区的羌人部落中称雄。羌语称奴隶为"无弋"，因为爱剑过去曾在秦国当过奴隶，所以部落的人们又称他为无弋爱剑。无弋爱剑去世后，他的子孙世世代代都担任部落的首领。

无弋爱剑避难河湟的历史故事为《后汉书·西羌传》记载下来，被后人视为河湟地区羌人开始蕃兴的历史起点，无弋爱剑也被视为河湟羌人的重要开创性人物。但透过这个历史故事我们可以看到，在春秋战国以来秦国势力不断向西拓展的过程中，渭河上游的许多戎族大量西迁进入河湟地区，和当地的羌人部落相互通婚，逐渐融入了羌人部落，并将自身先进的生产技术传授给了当地羌人，促进了羌人社会的发展进步。

二、河湟羌人的蕃兴与迁徙

河湟羌人的蕃兴

无弋爱剑之后，青海地区相继兴起了许多羌人部落。《后汉书·西羌传》也记载说，无弋爰剑之后，子孙繁衍分化，有150种之多，其中有89个种姓部落活动在河湟地区，9个种姓部落活动在青海西部地区，52个种姓部落活动在今甘肃武都地区。据学者们研究，《汉书》《后汉书》等史籍记载的羌人种落比较著名的有研种羌、留何羌、先零羌、罕羌、开羌、烧当羌、黄羝羌、封养羌、牢姐羌、当煎羌、当阗羌、卑禾羌、卑湳羌、勒姐羌、钟羌等。这些种落的名称大致可以分为三种情况，其中一种是取自父名母姓，如研种、烧当、烧何、滇那、吾良等，一种是取自动物之名，如白马、牦牛、参狼、黄羝、黄羊、黄牛等，一种是取自地名，如勒姐、卑湳等。

在部族繁衍分化的同时，羌人社会也悄悄地发生着许多细微的变化。无弋爰剑之前，羌人还过着"以射猎为事""所居无常，依随水草"的狩猎游牧生活。由氏族组成的部落通常叫作"种"，要么以父亲的名字作为自己的称号，要么以母亲的姓氏作为自己的称号。整个社会处在父系氏族社会基本确立的阶段，但母系氏族社会的残余制度保留得还比较多。无弋爰剑之后，伴随着经济结构的变化，羌人社会中的父系制更为巩固，并且逐步建立起了"种姓"家支制度。在"种姓"家支制度下，部落首领的每一个子孙都有继承权，都可以分为一个家支,家支一般分解到五六代就稳定下来。当家支不再分解时,就形成一个基本的种姓。每个种姓有可能是一个部落,也有可能是一群部落。"种姓"家支制度的产生,加快了河湟羌人部落的繁衍分化。

河湟羌人虽然部落众多,但相互之间互不统属,时常相互抢掠,势力弱小的部落往往依附于其他一些势力比较强大的部落。为了加快人口的增殖,河湟羌人中还流行着一种收继婚。父亲死了之后,儿子就娶后母为妻;兄长死了之后,弟弟就纳嫂子为妾,因此,部落中没有鳏夫寡妇。同种的部落之间,12世之内不能相互通婚。部落内部除了杀人要偿命这条不成文的规定外,没有其他的禁令。而且,羌人都以战死疆场为荣耀,以生病而死为耻辱。长年的游牧生活,使他们性格刚猛,体格健壮,特别能吃苦耐劳。羌人妇女生孩子时,也不躲避风雪。

漫漫迁徙之途

光阴荏苒,到了无弋爱剑的曾孙忍做部落首领时,时间已过去近一百年了。这时,中原地区正是群雄并立的战国时代,各诸侯国之间的兼并战争此起彼伏。公元前384年,秦献公做了秦国的国君后,奋发图强,一心想要恢复秦穆公时的霸业。为了开拓秦国的西部疆域,秦献公派大军向西征伐,一直进攻到了渭水源头地区,消灭了活动在那里的狄戎和獂戎部落。

秦国向西扩张势力的行动,使世代生活在河湟地区的羌人受到了直接威胁。这些地区的羌人部落虽然数目众多,但各自为政,相互之间互不统属,如同一盘散沙,很难采取统一行动来抵抗秦国的威胁,因此,许多羌人部落都自作打算,在部落首领的率领下纷纷向其他地方迁徙。他们中有的长途跋涉到了今天的新疆南部地区,后来发展成为婼羌、西夜、蒲犁、依耐、无雷等众多羌人部落和国家,在新疆的历史舞台上活跃了很长时间,在今塔里木南缘至今保留有若羌县、且末县阿羌乡、于田县阿羌乡、叶尔羌河之类的地名;有的向南来到了今天的白龙江流域,后来发展成为武都羌;有的来到了今天的涪江、岷江流域,后来发展成为广汉羌;有的来到了今天的雅砻江流域,后来发展成为越嶲羌。忍的叔叔卬害怕秦军会对自己的部落采取军事行动,因而也率领部落向西迁徙,经过长途跋涉,最后来到了离赐支河曲几千里远的青海西南部和西藏东北部一带居住下来。

由于道路遥远，山川阻隔，他们与河湟地区羌人的联系越来越少。后来，他们逐渐发展成为发羌和唐旄羌，慢慢融入藏族先民之中了，成为今天藏族的一个重要来源。

这些从河湟地区迁徙到西北、西南各地的羌人部落，由于后来所处的地理环境和民族分布状况各不相同，因而很快就走上了各自发展的道路。其中有的继续从事游牧生产，有的发展农业生产。有的被当地汉族所同化，有的与当地土著民族相融合，形成了其他一些新的民族。在迁徙、发展、融合、交流的过程中，羌人与当地的世居民族共同开发了祖国的西北、西南边疆地区，为中华民族的形成和发展做出了积极的贡献。

留居羌人的兴盛

在河湟地区许多羌人部落纷纷迁往外地的同时，爰剑的曾孙忍和他的弟弟舞留在了河湟地区。由于许多部落迁往他处，青海东部地区的人口一时间减少了许多，很多牧场被抛弃，大量田地荒芜。为了增加部落的人口，发展农牧业生产，忍和舞娶了很多妻子，生育了很多子孙。忍生育有9个儿子，后来繁衍发展成为9个部落。舞生育有17个儿子，后来也繁衍发展成为17个部落。忍的儿子研智勇过人，非常有胆识和远见。他继任部落首领后，很快就赢得了其他羌人部落的尊敬，而他所在的部落后来就被人们称为研种。

从公元前356年起，励精图治的秦国国君秦孝公任用商鞅实行变法，使秦国进一步强大起来。河湟地区的羌人由于势力非常弱小，便对秦国表示臣服和归顺。有一年，秦孝公派太子驷率领92个少数民族部落的首领去洛阳朝觐周显王，研种羌的首领研也跟随驷参加了这次规模盛大的朝觐活动。这次朝觐大大开阔了他的眼界，增进了羌人与中原地区人民的交流。

秦孝公之后的几任秦国国君全都致力于统一六国的兼并战争，因此秦军很少对西北地区的少数民族采取军事征服行动，河湟地区的羌人因此也得到了较长时间和平安定的发展环境，社会经济有了长足的进步，人口也增加很快，再次兴盛起来。

秦始皇统一六国后，在北方和西北方修筑了我国历史上规模最大的军事防御工程——万里长城，这条长城西起临洮（今甘肃岷县），东至辽东郡（今吉林省中南部），在秦国和各少数民族之间筑起了一道分界线。河湟地区的羌人被排挤到这条分界线之外，活动区域受到了一些限制。在秦朝统治中国的短短几十年中，秦朝统治者再也没有对河湟地区的羌人采取过大的军事行动，部落林立、互不统属的羌人也没有力量跨过长城，进犯秦朝的边境，双方始终保持着一种互不侵犯、友好共处的睦邻关系。这样的外部环境也非常有利于河湟羌人的发展壮大。

三、羌人、匈奴、西汉逐鹿河湟

匈奴臣服诸羌

公元前202年，在秦末农民起义中起家的刘邦做了皇帝，建立了西汉王朝。西汉王朝刚建立的时候，活跃在北方草原的匈奴，利用中原地区兵戈连年的有利时机逐步发展起来。尤其是冒顿单于杀父自立后，在政治、军事等方面进行了大刀阔斧的改革，使匈奴的势力迅速强大起来。为了获取更多的人口和财富，匈奴发动了一系列对外掠夺战争，先后消灭了东方劲敌东胡，征服了游牧于河西走廊地区的西部近邻月氏，打败了楼兰、乌孙等20多个西域小国，兼并了楼烦、白羊河南王，重新占领了河套以南地区，成为当时北方草原最强大的国家。冒顿的儿子稽粥继位后，匈奴占领了水草丰美的河西走廊地区，原先生活在这里的月氏人大部分向西迁徙到了伊犁河流域，称为大月氏，一小部分人向南逃到了祁连山中，依附于当地的南山羌，称为小月氏。小月氏在与羌人长期同居交往中逐渐被其同化，被汉人视作羌人。河湟地区的羌人部落慑于匈奴的强大武力，也纷纷向匈奴纳税进贡，表示臣服。这就是史书上记载的匈奴"破东胡，走月氏，威震百蛮，臣服诸羌"的强盛时代。

匈奴占领了河西走廊地区后，设立僮仆都尉进行统治，不仅切断了西汉与西域地区的联系，还经常联合羌人共同对付西汉，从北面和西面对西汉形成半包围态势。每当匈奴派兵进攻西汉边境时，羌人也常常采取行动，遥相呼应，成为匈奴进攻西汉的重要臂助，对西汉的边境线构成了严重威胁。

当然，匈奴与羌人联合起来对付西汉的同时，它们之间也存在着许多矛盾。由于匈奴连年对外用兵，国内的人力物力消耗很大，因此，经常在羌人部落中征调大量人力物力来加以补充。久而久之，许多羌人部落便难以承受，对匈奴的横征暴敛越来越不满。一些不愿忍受匈奴沉重奴役和压榨的羌人部落开始与匈奴分道扬镳，转而归附西汉，寻求西汉王朝的庇护。汉景帝时，研种羌的一个部落首领留何请求西汉将他们迁到汉朝境内，为汉朝守卫边境。西汉政府觉得将这些羌人迁徙到内地，一来可以利用羌人的力量来加强边境地区的防卫，二来可以逐步瓦解羌人与匈奴的联盟，削弱匈奴的力量，减少对边境地区的威胁。因此，马上答应了留何的请求，将他们分别安置在了陇西郡的狄道（今甘肃临洮）、安故（在今甘肃临洮西）、临洮（今甘肃岷县）、氐道（今甘肃礼县西北）、羌道（在今甘肃岷县东南）等县。这些内迁的羌人与当地汉族百姓共同居住，共同生产，一起开发了西汉的西部边疆地区。

西汉隔绝羌胡

西汉王朝刚建立时，因忙于医治秦末农民起义所造成的战争创伤，所以没有能力对匈奴的扰掠活动进行有效的反击。汉武帝在位时，西汉经过70多年的休养生息，社会经济有了很大发展，国力也进一步强大起来。尤其是西汉政府实行募民实边政策后，边境地区的军事防御能力大大加强了。同时，西汉政府在全国建立了多处马苑，畜养官马30多万匹，并在此基础上建立了大量的骑兵部队,使汉军的机动性和战斗力大大增强,具备了反击匈奴的能力。

汉武帝元光六年(前129年)起,汉朝开始了反击匈奴的大规模军事行动。在此之前,汉武帝根据匈奴的实际情况制定了一个详细的战略反攻计划,打算第一步收复河套以南地区,夺取匈奴进攻汉朝边境的前哨阵地,同时作为反击匈奴的基地。第二步,攻击河西走廊地区的匈奴部落,隔绝匈奴与羌人的联系,斩断匈奴的右臂。第三步,深入匈奴腹地寻歼匈奴主力。军事行动开始后,汉军很快就实现了第一步战略计划,将匈奴势力赶回了北方草原。元狩二年(前121年)起,汉军在名将霍去病的指挥下,多次重创驻守在河西走廊的匈奴休屠王、浑邪王的军队。最后,浑邪王杀掉休屠王后率部投降了西汉,西汉终于占领了河西走廊地区。为了加强对新占领区的统治,西汉政府在这里先后设置了武威、酒泉、张掖、敦煌四郡,并从内地迁移了大量人口到这里开展生产,戍守边塞。

西汉占领河西走廊地区后,虽然从地域上切断了匈奴与羌人的联系,减少了匈奴与羌人联合起来进攻汉朝的机会,为以后汉军进军河湟地区创造了非常有利的条件。但是,匈奴在西域地区的影响还很大,楼兰、姑师、大宛等国也与西汉为敌，尤其是活动在今新疆南部地区的婼羌等一些羌人部落，还受匈奴的控制，成为匈奴向西域用兵的桥头堡和与河湟地区羌人相互联络的一条重要通道。

汉军进兵河湟

汉军从匈奴手中夺取了河西走廊地区后，切断了匈奴与河湟地区羌人之间的联系，使河湟地区的羌人深感不安，担心汉军下一步会对自己采取行动。元鼎五年（前112年），在先零羌的倡议下，先零、封养、牢姐等羌人部落相互间交换人质，结成了临时性军事同盟，准备共同对付汉军。为了壮大自己的声势，他们派使者到匈奴进行联络，约定同时出兵攻打汉朝的边境。就在这一年，先零等羌人部落的10万人马分几路进犯西汉边境的令居（在今甘肃永登境内，大通河东岸）、安故（治所在今甘肃临洮南）等地方，并集中全力围攻枹罕（今甘肃临夏）。匈奴也遥相呼应，派军队攻入西汉的北部边境，杀死了五原郡太守，一时间，西汉西部和北部边境的形势骤然吃紧。

元鼎六年（前111年），汉武帝派出两路大军进行反击，其中派往河湟地区的10万大军由将军李息、郎中令徐自为率领。由于汉军势力强大，未经几个回合，就击溃了进犯边境的羌人，并且乘胜进入河湟地区。居住在这里的羌人部落抵抗失败后，一部分投降了西汉，一部分离开河湟地区向西迁移，来到了今天的青海湖、茶卡盐湖一带居住下来。原先逃到祁连山以南的小月氏人也投降了汉军，被安置在张掖、令居等地，与当地的汉人居住在一起。后来，生活在张掖郡的几百户小月氏人被称为义从胡，生活在河湟地区的小月氏被称为湟中月氏胡。

为了加强对河湟地区归附羌人的统治，西汉政府一方面积极笼络归降的羌人，先后册封一些归降的羌人部落首领为王侯，如册封先零羌部落首领杨玉为归义侯。另一方面，开始在河湟地区建立了一些基层军政机构进行管理。如在今西宁设立了西平亭，在今西宁附近设立了长宁亭、东亭。这些亭既担负传送公文和邮件的使命，又具有军事据点的性质。此外，西汉政府还在一些地势险要的地方修建了军事要塞。如在令居（在今甘肃永登境内，大通河东岸）修建了令居塞，作为控制河湟地区的重要军事要塞。自此以后，青海河湟地区开始逐步纳入了中央王朝的统治范围之内，河湟地区羌人与中央王朝的关系也进入了一个新的发展时期。

金城属国与护羌校尉

西汉控制了河西走廊和河湟地区后,为了长期统治这片新拓疆土,虽然构筑亭燧要塞,设置郡、县等行政机构进行管理。但是,如何有效管理这些地区逐水草而居从事游牧生产的众多羌人部落,仍是一个十分突出的问题。西汉政府根据羌人的生产生活特点,结合以往对少数民族进行管理的经验,创立和实行了若干行政管理制度,在边郡设置了属国等特殊行政管理区域,在中央和地方设置护羌校尉等一系列专职管理官员,对西部边郡的羌人进行有效管理,稳定边疆秩序。

属国制度是秦代时就已在归附的少数民族部落实行的一种行政管理制度,最初叫属邦。汉代,为规避高祖刘邦的名讳而改称属国,是为安置归附的匈奴、羌、夷等少数民族而设的行政区划。属国居民依规定"因其故俗",即内徙、降附的少数民族在不改变其原有部落组织形式、生产方式和生活习俗的前提下,接受汉朝的统治。西汉的属国相当于郡级军政单位,管人而不辖地。属国都尉是领护郡境内属国吏民的最高军政长官,秩比二千石,由汉朝政府直接任命,下设丞、候、千人、千长、百长等官职,其职责是佐太守以掌属国，同时也受中央典属国的领导。西汉从武帝开始，历经昭、宣二帝，先后共设置了七个属国，即安定属国（又称北地属国、三水属国）、天水属国、西河属国、上郡属国、五原属国、张掖属国、金城属国。其中金城属国为安置降羌，其余都是为了安置匈奴降众。据《汉书》记载，金城属国是汉宣帝神爵二年（前60年）赵充国平定羌人叛乱后，为了安置归降的羌人部落而设置的。

除设置金城属国安置归降的羌人部落外，西汉政府还设立了专门管理羌人事务的护羌校尉一职。护羌校尉的级别很高，俸禄是两千石。其办公衙门最初设在令居塞，手下设有司马、从事等许多属员，帮助其处理日常的一些政务。主要职责是按时巡视羌人部落，处理羌人部落与地方郡县的官吏百姓以及羌人部落之间的纠纷，及时了解羌人在生产生活中遇到的一些困难，必要的时候，代表朝廷对他们进行安抚和笼络，赐给他们一定数量的金帛、粮食，让他们安居乐业，服从中央王朝的管理。此外，护羌校尉还必须经常派人侦察边境外的羌人部落的动向，并及时通报给边境地区的各个郡和县，以备不虞。如果羌人起来反叛朝廷，护羌校尉就要领兵出征。由于护羌校尉是专门管理羌人事务的高级官员，因此，在处理羌人事务时就拥有比地方的郡太守、都尉更大的权力，甚至可以节制和指挥级别比自己更高的郡太守。今天，由于历史文献资料缺乏记载，我们已经无法明确地知道西汉的第一任护羌校尉是谁，仅仅知道辛临众是目前已知的担任这一职务最早的一个人，他出身于陇西地区的高门望族，是将门之后。

总之，设立金城属国和护羌校尉，是西汉政府对生活在西北地区的羌人进行有效统治的重要方式，不仅有利于当时国家的统一和社会的安定，也促进了少数民族地区经济的发展和文化的交融，同时也给以后历代王朝处理民族问题提供了借鉴和启迪，在中国民族史乃至中国古代史上产生了比较深远的影响。

四、赵充国平定河湟羌乱

安国失信酿变

土地肥美的河湟地区被西汉占领后，羌人失去了大片优良牧场，因此，时常想着重新夺回这些地方。加之西汉政府经常征发羌人士兵参加对匈奴的战争，无形中又加重了羌人的兵役负担，引起了部分羌人首领的不满。他们悄悄派人与匈奴进行联络，希望摆脱汉朝的统治和奴役。汉武帝后元元年（前88年），先零羌的一个部落首领封煎派人到匈奴进行联络。不久，匈奴就派使者绕过西汉军队驻守的地方，来到了羌人和小月氏人当中，引诱他们说：汉朝的贰师将军李广利率领的10多万汉军已经投降了我们；汉朝抢占了你们的牧场，而且经常叫你们服兵役，使你们苦不堪言；河西走廊的张掖、酒泉，土地肥美，原本是我们匈奴的领地，如果我们联合起来从汉朝手中夺回来后，可以共同居住。

羌人与匈奴的秘密联络活动，引起了西汉王朝的注意。为了侦察羌人的动静，汉宣帝派遣光禄大夫义渠安国到河湟地区去巡视。义渠安国虽然是朝廷重臣，但对边疆地区羌人的情况不大熟悉，也不善于外交谋略，是一个毫无政治远见的庸官。他到了河湟地区后，先零羌的一些部落首领在匈奴使者的策动、指使下乘机向他提出，部落的牧地不敷使用，请求朝廷允许他们渡过湟水，到湟水以北没有耕地的地方去放牧，借以试探西汉的态度，伺机夺回被西汉占领的土地。义渠安国没有觉察到先零羌的这一动机，一时间也拿不定主意，便将这件事上报朝廷。西汉政府不知其中有诈，也迟迟没有给予明确答复。

先零羌见西汉政府的态度模棱两可，便借口已经请示朝廷，强行渡过湟水，在汉朝管辖的土地上放牧。

在当时的西汉政府中，既熟悉边疆情况又有政治远见的大臣并不多，后将军赵充国是难得的一个。赵充国出生于陇西上邽（今甘肃省清水县），字翁孙，很小的时候就非常有胆识和谋略，而且，刻苦学习兵法，博览群书，熟知边疆地区的情况，梦想以后成为征战疆场的将军。成年后，他毅然从军。后来，由于擅长骑术和箭术，加之家世清白而有财产，被选入皇帝的禁卫军——羽林军中。汉武帝时，赵充国随贰师将军李广利出征匈奴时，不幸陷入重围。就在情况万分危急、千钧一发之际，赵充国率百余名勇士冒死冲锋，杀出一条血路，使李广利得以率军突围。战斗中赵充国身受二十余处创伤，侥幸保命。武帝得到奏报十分感动，征召赵充国前来，在大殿之上亲自掀衣察伤，赞不绝口，遂授中郎，并担任车骑将军长史这一职务。此后，他曾多次率兵出征匈奴，立下不少战功，被任命为后将军。汉昭帝去世后，他与大将军霍光等人共同册立了汉宣帝，被封为营平侯。由于他在边疆地区领兵作战多年，不但对边疆地区的情况十分熟悉，而且办事十分持重，很有政治远见和军事谋略。当他听说河湟地区的羌人强行渡河的事后，觉得事态非常严重，立即上奏折弹劾义渠安国，认为他没有及时制止羌人的行动，没有尽到自己的职责。但当时汉宣帝和朝中的许多大臣并没有认识到这件事的严重性，将赵充国的奏折束之高阁，对义渠安国的失职行为也没有加以追究。

汉宣帝元康三年（前63年），先零羌召集其他羌人部落的首领共200多人举行了盛大的会盟。在会盟仪式上，各部落歃血为盟，相互交换了人质，化解了此前的仇恨，结成了临时性的军事同盟，准备采取一致行动，从西汉手中夺回河湟地区。汉宣帝知道这个消息后，亲自询问赵充国该如何处理。赵充国胸有成竹地说："羌人之所以容易被制服，是因为每个部落都有自己的首领，各部落之间时常相互攻击，不能团结一致。此前，羌人反叛时，总是先解仇结盟，然后联合起来进攻令居塞。现在，羌人与匈奴私下联合起来共同对付我们，臣担心羌人不会就此罢休，恐怕不久后就会有更多的羌人部落起来响应，应早做防备。"

几个月后，被西汉册封为羌侯的狼何果然派使者到匈奴借兵，打算攻击西汉的鄯善、敦煌等地，断绝西汉与西域的交通线。赵充国认为，狼何所在的部落属于小月氏，他们的牧地在阳关西南一带，势单力孤,不可能独自筹划这一行动,估计匈奴的使者已经到了羌人部落中间,过不了多长时间,先零羌、罕羌、开羌等就会结成同盟,到秋天时,必定会进犯边境,制造变乱。因此,他建议朝廷派遣官员整顿、调遣边境地区的军队,早做准备。同时,应想方设法不让各羌人部落结盟,瓦解他们的图谋。但在丞相府和御史大夫府的共同推荐下,西汉政府又一次派平庸无能的义渠安国前去处理这件事。

义渠安国到达河湟地区后,并没有贯彻赵充国提出的策略,而是草率地将先零羌的30多位部落首领召集到一起,借口他们凶残狡猾,将他们全部斩杀。随后,又派兵进攻先零羌人,惨杀了1000多人。义渠安国这种不讲政策、滥杀无辜的做法,在河湟地区的羌人中引起了极大恐慌。归义侯杨玉和此前已归顺西汉的一些羌人部落首领怨恨西汉不相信他们,滥杀无辜,纷纷挟持其他的一些小部落反叛西汉,攻掠边境城镇,杀害地方官员。义渠安国率领3000名骑兵前去镇压,不料刚走到浩门(治所在今甘肃省永登县河桥驿南)时,就中了羌人的埋伏,损兵折将,大败而还,最后不得不撤退到令居,将这件事报告给了朝廷。

将军远征河湟

羌人大败义渠安国率领的汉军,使西汉朝野极为震惊。汉宣帝派人询问赵充国,谁可以担当领兵出征的重任。赵充国沉思片刻后说道:"没有比我更合适的人了。"汉宣帝再次派人询问他:"羌人的实力如何?该用多少人马?"他说:"百闻不如一见,用兵作战之事不可以在很远的地方估计,臣愿赶到金城(今甘肃兰州),为皇上筹划平定叛乱的最好方略。愿陛下将此重任托付于老臣,不要为此担忧。"

神爵元年(前61年)六月,已76岁高龄的赵充国奉命赶到了金城。到达后,他并不急于去攻打羌人,而是加紧集结军队,等军队满1万人后才开始行动。渡黄河时,为防备羌人乘机袭击,他在前一天夜里先派一部分士兵悄悄渡河,在河对岸安营扎寨。第二天,大军在先遣部队的掩护下安全渡过了黄河。在向西进军的途中,不远处的山中时常有羌人的骑兵在出没,窥探汉军的行动。赵充国手下的部将请求发兵追击,赵充国认为可能是诱兵,劝诫大家不可为贪图小利而耽误了平定叛乱的大事。当大军来到四望峡(今老鸦峡)时,赵充国并没有贸然前进,而是先派少数骑兵到峡中进行侦察。当他得知羌人没有设防时,便督促全军连夜通过,来到今乐都一带驻扎下来,并且高兴地对部下说:"我现在才知道羌人不会用兵,假若他们派几千人坚守四望峡,我军又怎么能进得来?"

赵充国虽然年事已高,但行军作战时却毫不含糊,尤其能够持重,不轻率从事。每次行军之前,他都要做好作战的各种准备。安营扎寨之后,一定要坚固营垒,加强防守。每次作战,都是先仔细考虑,周密部署,然后再采取行动。对士兵他也是赏罚分明,爱护有加。当他率兵来到今乐都西边的西部都尉府后,在没有搞清楚羌人的底细前,按兵不动,每日大飨三军,养精蓄锐。全军上下士气高涨,士兵们个个摩拳擦掌,愿为他效力。叛乱的羌人好几次前来挑战,他都不予理会。没过多久,羌人就乱了阵脚,各部落首领相互指责抱怨说:当初轻举妄动,现在,朝廷派赵将军前来,此人能征善战,很有谋略,我们想战死疆场也不可能了。

巧施分化良策

赵充国见羌人内部出现了分歧和矛盾,于是将计就计,决定采取分化瓦解、各个击破的策略,先对受先零羌胁迫参加叛乱的罕、开等羌人部落进行安抚、招降，瓦解羌人的反叛同盟，然后再集中力量打击带头反叛的先零羌。他释放了此前给汉军报告消息时被扣押的开羌首领靡当儿的弟弟雕库，并让他捎话给其他的羌人首领，汉朝平叛大军只诛杀有罪者，让他们早做选择，不要自取灭亡；参加叛乱的羌人如果能诛杀其他叛乱者，就可以免除罪责；能杀死大首领的，赏给铜钱 40 万；能杀死中等部落首领的，赏给铜钱 15 万。能杀死小部落首领的，赏给铜钱 3 万；杀死强壮的成年男子的，赏给铜钱 3000……另外，被杀死者的妻子儿女和财物归其所有。

不久，汉军的援兵不断增加，加上张掖、武威、酒泉各郡随时准备参战的部队，合计有 6 万多人。赵充国的儿子右曹中郎将赵卬也奉命率领一部分禁军驻扎在令居，负责保护向前线运送粮草的通道。朝中的许多大臣和将领们嫌赵充国的行动过于迟缓，认为应该速战速决，对叛乱羌人统统加以征剿。酒泉太守辛武贤立功心切，直接上书汉宣帝，认为河西走廊各郡的军队都来防备祁连山以南的羌人，北部边防空虚，势必不能维持太久。现在，羌人朝夕为寇，他们居住的地方又苦寒无比，我军的战马无法在那里越冬。因此，他建议张掖、酒泉的军队备齐 30 天的粮草，七月上旬分头出发，夹击鲜水（今青海湖）附近的罕羌和开羌。出击的两路大军虽不能全部消灭叛乱羌人，但可以夺取他们的牲畜，等冬季到来后，再派兵出击，可以彻底击败羌人。

汉宣帝将辛武贤的建议通报给赵充国，让他计议。赵充国和长史董通年认为，战马驮负30天的粮草，再加上衣物兵器，很难快速追击敌人。即使到达了目的地，如果羌人退入山林中凭险据守，截断我军的退路和粮道，我军就会进退失据，处于非常危险的境地，为夷狄所耻笑，千载也难以挽回。另外，张掖、武威的北面是匈奴，匈奴与羌人早有预谋，如果这里的军队贸然出击，匈奴就会乘机捣乱。因此，应该宽恕罕羌和开羌的过失，不要张扬。先集中力量平定先零羌，借以震慑其他的羌人部落。同时，选派精明能干而又熟悉羌人情况的官员好好地安抚他们，让他们安居乐业，这才是保境安民、安邦定国的良策。

汉宣帝让朝中的大臣们讨论赵充国的这一建议，绝大多数人认为先零羌兵强马壮，而且得到罕羌和开羌的帮助，势力很大。如果不先打败罕羌和开羌，就很难制服先零羌。于是，汉宣帝听从了大多数朝臣的意见，以辛武贤为破羌将军，以乐成侯许延寿为强弩将军，命令他们七月时领兵讨伐罕羌和开羌。

同时，下达敕令责备赵充国不顾念国家的花费，只想耗费数年的时间取得微不足道的胜利，并命令他率兵会同破羌将军、强弩将军和中郎将赵印前去讨伐罕羌和开羌，不要再有什么疑虑。

赵充国受到汉宣帝的责备后，他的部下都非常担忧，劝他服从命令，早日发兵。但赵充国并没有因为汉宣帝的责备而放弃自己的主张，而是再次上书汉宣帝，陈述不宜先攻伐罕、开的理由。他认为，在此之前，义渠安国和他都已遵照皇上的指示，派人告诉罕羌和开羌，汉朝的平叛大军不会进攻他们，想以此瓦解他们和先零羌的同盟。现在，如果将先零羌放在一边，而去进攻罕羌和开羌，宽恕了有罪的，而去诛杀无罪的，这不符合皇上原先的谋划。现在，先零羌虽然与罕羌、开羌结成了同盟，但先零羌的首领时常担心汉军到来后罕羌和开羌会背叛他，因此，想方设法来坚固他们之间的同盟。如果我们先去进攻罕羌和开羌，先零羌就会借机帮助他们，施恩惠于他们，无疑会坚固他们之间的盟约。到那时，我们就很难瓦解他们，打败他们就需要数倍的力气。目前，我军应先讨伐先零羌，先零羌失败后，罕羌和开羌等小部落就会不战而降。先零羌战败后，罕羌和开羌如仍不臣服，正月的时候，我们就可以名正言顺地去讨伐。这样做既得理又得时。最后,汉宣帝终于被赵充国说服,决定改变原来的计划,先派兵讨伐先零羌。

七月,赵充国领兵来到先零羌居住的地方。由于先零羌已经屯聚了好几个月,战备早已松弛。突然看见汉军大兵压境,惊慌之下纷纷丢弃车马辎重逃跑。羌人在渡湟水逃跑时,赵充国下令慢慢追赶,部下们都嫌行动过于迟缓,赵充国道:"这些都是穷寇,不可逼迫他们。慢慢追赶,他们跑的时候还不敢回头。如果追得太急,他们就会回过头来置人于死地。"大家都非常赞同。这次战斗中,汉军缴获羌人的牛、马、羊等牲畜10多万头,战车4000多辆。羌人在渡河时被淹死的有好几百人,投降和被杀死的有500多人。

当汉军来到罕羌的地界时,赵充国严令全军将士不准烧毁他们的房屋,不准将战马放入农田中。罕羌部落的人见汉军军纪严明,秋毫无犯,十分高兴地说:"汉军信守诺言,果然不攻打我们。"罕羌首领靡忘派人拜见赵充国,请求允许他们回到原先居住的地方。不久,靡忘又亲自来到军营中拜见赵充国。赵充国热情款待,并让靡忘回去后劝说部落的人前来投降。赵充国手下的军官们纷纷劝阻道:"这是反叛之人,不可轻易将他放走。"赵充国长叹一声道:

"诸位只求在公事上蒙混过关,对自己刻意保护,这不是在为国家考虑啊!"话还没有说完,朝廷命令将靡忘以赎罪处理的玺书就到了。后来,靡忘果然率部前来投降,罕羌部落没有用兵就归顺了西汉。

三上屯田之奏

神爵元年(前61年)秋天,年事已高的赵充国脚病复发。汉宣帝赐玺书问候,并下诏命令破羌将军辛武贤赶到赵充国的住所,作为他的副手,在十二月的时候率兵进攻先零羌。

这时,前来投降的羌人络绎不绝,已经超过了1万人。赵充国估计羌人必败无疑,因而想建议朝廷罢省骑兵,留步兵在河湟地区屯田,奏折还没有送出去,汉宣帝命令他进兵的玺书又到了。赵充国的儿子赵卬派人前来劝告说:"遵照皇帝的旨意出兵,纵使破军辱国,也情有可原;若按兵不动,抗旨不遵,万一皇帝发怒,派人前来督战,将军性命都难自保,国家又有何安全可言?"赵充国坚持己见,十分激动地说:"如果朝廷当初采纳了我的建议,羌人能像现在这样猖獗吗?此前,朝廷让大臣们推举出使羌人的合适人选,我推举了辛武贤,而丞相府和御史大夫府却推荐了义渠安国,结果激起了羌人的叛乱。金城、湟中的谷子每斛八钱的时候,我建议司农中丞买200万斛谷子,朝廷只批准买40万斛。义渠安国出使时,花费了其中的一半。没有了这两条,羌人才敢反叛。现在战事久拖不决,四夷动摇,使人忧虑的就不只是羌人了。我就是死了,也要向皇上进一句忠言。"于是,他向汉宣帝呈上了第一份建议屯田的奏折。奏折中,他强调了用兵必须慎重的道理后认为,从临羌(治所在今湟源县境内,一说在今湟中通海)到浩门(治所在今甘肃省永登县河桥驿南),有羌人耕种的田地以及公田、农民未开垦的田地共两千多顷,沿途的邮亭大多被破坏。目前应撤回骑兵,留10280名步兵分头驻扎在要害之处。待天气转暖后,让这些士兵修缮邮亭,疏浚沟渠,耕种田地。另外,在湟峡以西修建桥梁70多座,使道路一直通到鲜水地区。这样可以增加积蓄,省去很多费用。

可是,急于取胜的汉宣帝对赵充国的屯田建议并不感兴趣,他下诏质问赵充国:"如果采纳了将军的建议,那么羌人叛乱何时才能被平定?战事何时才能结束?"赵充国深思熟虑后马上呈上了第二份建议屯田的奏折。他在奏折中分析了当时的战场形势后认为,留1万名步兵屯田,顺天时,因地利,有十二个方面的好处:一是1万多人屯田,既可以防备羌人,又可以耕种农田收获粮食,威德并行;二是驱逐羌人,使他们无法回到土地肥饶的地方,削弱他们的势力,使他们相互背叛;三是可以保护河湟地区的农民进行农业生产,不耽误农时;四是可以节省大笔军费开支;五是春天的时候,可以顺黄河和湟水将粮食运到临羌(治所在今湟源县境内),羌人见我们粮食充足,就不敢轻举妄动;六是屯田的士兵可以在空闲的时候,将以前砍伐的树木从山中顺水运出,用来修缮乡亭,使乡亭一直延伸到金城;七是大军若要出击,可以选择最佳的时机,不出击的话,可以迫使羌人流窜于风寒之地,而使我军免受风寒疾病之苦,坐得必胜之道;八是没有战争伤亡;九是内不损威武之重,外可使羌人没有可乘之机;十是不会惊动和威胁大开、小开这两个羌人部落,以免发生其他的意外变乱;十一是修好湟水河谷中的道路和桥梁后,可以遥控西域,播我朝声威于千里之外,行军作战,像在枕席上一样安全;十二是可以节省大笔军费开支,减轻百姓的徭役负担,国泰民安。最后,他还强调说:"留步兵屯田,得十二便。出兵,失十二利。"这便是中国历史上十分著名的"屯田十二便疏"。

汉宣帝和大臣们接到赵充国的第二份奏折后,

都拿不定主意，再次派人询问赵充国：如果羌人听说我们撤兵，再次前来侵扰，杀害官吏和百姓，该如何制止？另外，大开和小开曾抱怨说，他们告诉了先零羌的所在地，汉军不前往攻打，是不是像元康五年（前61年）那样不加区别地进攻他们？现在我军按兵不动，会不会发生其他意外？

赵充国见自己的建议得不到朝廷采纳，十分着急，马上又向汉宣帝呈上了第三份建议屯田的奏折，再次详细地陈述了屯田的好处。每次，赵充国的奏折呈上去后，汉宣帝都要与大臣们进行讨论。最初同意赵充国建议的人只有十分之三，后来增加到十分之五，最后有十分之八。原先不同意赵充国建议的人，最后都心悦诚服。丞相魏相说："臣反应愚钝，不知领兵作战之事。后将军多次献言建策，说的都很在理。我看他的建议完全可以采纳。"汉宣帝最终同意罢兵屯田。

在此之前，破羌将军辛武贤和强弩将军许延寿多次建议派兵出征，汉宣帝考虑到赵充国屯田的地方比较分散，容易受到羌人的侵扰，因此，在采纳赵充国屯田建议的同时，命令辛武贤、许延寿和赵卬三位将军率兵出击。不久，强弩将军许延寿招降了4000多人，破羌将军辛武贤和中郎将赵卬都斩杀了2000多人。赵充国没有出兵却先后招降了5000多人。最后，汉宣帝下诏罢兵，只留赵充国一人率兵在河湟地区屯田。

随着西汉军事行动的胜利和对河湟地区统治的进一步加强，西汉政府在河湟地区设立了允街（治所约在今甘肃省兰州市红古区）、允吾（治所在今湟水南岸的甘青交界地带）、浩门（治所在今甘肃省永登县河桥驿南）、破羌（治所在今乐都区老鸦城）、安夷（治所在今平安区平安镇略西处）、临羌（治所在今湟源县境内）、河关（治所在今甘肃省积石山县大河家，一说在今青海省贵德县河阴镇）7个县，归金城郡管辖。加上昭帝始元六年（前81年）划归金城郡管辖的榆中、金城、枹罕、白石、令居、枝阳6个县，金城郡的辖县达到了13个，治所也迁到了允吾。

神爵二年（前60年）五月，鉴于金城郡的辖县已经增加到13个，河湟屯田区已成为汉朝郡县辖区，而且郡中设有郡兵，赵充国上书朝廷，请求撤回屯田的军队，得到批准。屯军已播种的庄稼，移交给地方政府和地方驻军处理。同年秋天，羌人首领若零、离留、且种、儿库等见汉朝屯田有效，势力强盛，不投降已没有出路，于是，联合起来杀死了先零羌首领犹非、杨玉后投降了西汉。弟泽、阳库、靡忘等羌人首领也率领属民前来投降。西汉册封若零、弟泽二人为帅众王，册封其余的人为侯或君。为了安置投降的羌人，又另外设置了金城属国，对他们进行管理。后来，汉宣帝让大臣们推荐护羌校尉的人选，丞相、御史大夫、车骑将军、前将军都推荐了辛武贤的弟弟辛汤。赵充国立即上奏汉宣帝，认为辛汤嗜酒，不能派他去处理少数民族事务，不如任用辛汤的哥哥辛临众。汉宣帝采纳了赵充国的建议，下诏改用辛临众。后来，辛临众因病辞职，又有人推荐了辛汤。辛汤上任后常常酗酒滋事，再次激起了羌人的反叛，果然如赵充国所说。

后来，赵充国因年老致仕后，每遇边境大事，皇帝总会请他参与谋划，听取他的建议。甘露二年（前52年），赵充国逝世，享年86岁，谥为壮侯。宣帝以他功高盖世，与霍光等同列，画像于未央宫麒麟阁，为麒麟阁十一功臣之一，供人瞻拜纪念。成帝刘骜继位后，又命黄门侍郎扬雄在画像旁题诗加以赞扬，有"在汉中兴，充国作武"的评价和颂词。

赵充国去世后，他的后裔中有一个名叫赵孟元的玄孙，曾担任过护羌校尉假司马，举家从上邽迁徙到破羌县。汉安帝永初三年（109年），西羌当煎、勒姐种攻入破羌城，赵孟元和三个儿子全部阵亡，只剩下儿子赵宽一人，于是迁居冯诩（今陕西大荔）。汉顺帝永建六年（131年），赵宽迁居浩门，被任命为县"三老"，兢兢业业，不辞辛苦，政绩卓著，深受乡民的爱戴。1941年，在青海省乐都县高庙镇白崖子村出土《三老赵掾之碑》，详细记述了赵充国河湟屯田的业绩及其子孙继承祖志、扎根青海艰苦创业的事迹。

赵充国河湟屯田，历来被认为是中国古代大规模屯田之始，并对后世产生了巨大影响，为曹操、姜维等政治家、军事家所效仿，备受后世推崇和赞美。特别是他在河湟屯田的过程中敢于坚持真理、诤于朝廷、力陈己见，三上屯田奏，不仅对汉初以来西汉在边境地区屯田的经验进行了系统概括，还对屯田的意义作了理论上的精辟总结，是我国古代屯田理论著作中的经典之作，为后世的政论家所称道，光耀后世。清代康熙帝经营西北时，即命有关部门关注和参阅赵充国的屯田三奏，充分说明了这篇经典之作历经千年之久而依旧为世人所重视的独特价值。

五、西汉招抚西域河西诸羌

婼羌归附西汉

在河西走廊、河湟地区先后被纳入西汉统治之后,从汉武帝元封三年(前108年)起,西汉连续对西域用兵,迫使原先臣服于匈奴的许多西域国家归附西汉。当时活动于西域地区的婼羌等一些羌人部落和国家,也陆续脱离匈奴的控制投降了汉朝,受到西汉的册封。婼羌的首领被西汉封为"去胡来王",其他一些羌人部落的首领也被册封为"羌侯""归义羌长"等。1953年,在新疆新和县于什格提古遗址出土了一颗汉代"汉归义羌长"铜印,就是西汉在西域地区归附的羌人部落中进行册封的物证。

关于婼羌的基本情况,据《汉书·西域传》记载,出了阳关向西南1800里便是婼羌之地,该地东距西汉都城长安约6300里,处在塔里木盆地西南,不在交通要道之上。辖境在小宛之东,渠勒之西,戎卢、于阗、难兜之南,包括整个昆仑山脉北麓,直到葱岭以西,东西相距在2000公里以上。婼羌以游牧为主,粮食依靠临近的鄯善、且末等国供应,境内有铁矿,手工业比较发达,尤以生产兵器见长,有弓、矛、服刀、剑、甲等。《汉书·西域传》记载说国有居民450户、1750人，胜兵500人。有学者认为，婼羌国作为一个游牧国家，东西辖境长达2000公里，史书中记载的人口数有可能只是国都所在地的人口数。在整个西汉时期，婼羌与汉王朝关系密切，汉宣帝时曾参与赵充国平定河湟地区羌人的军事行动，出兵配合汉军进攻青海西部地区的罕羌。

除了婼羌之外，西域于阗南山之西、葱岭之东地区，还有西夜、蒲犁、依耐、无雷等羌人小国，他们逐水草而居，从事游牧生产，服饰和生活习俗也大致相同。其中，西夜国，国王号子合王，治所在呼健谷，东距长安10250里，西与蒲犁国相邻，属民350户、4000人，胜兵1000人。蒲犁国，国王驻地在蒲犁谷，东距长安9550里，属民650户、5000人，胜兵2000人。依耐国，东距长安10150里，属民125户、670人，胜兵350人，南与西夜国毗邻。无雷国，国王驻卢城，东距长安9950里，属民1000户、7000人，胜兵3000人。

推行归义制度

西汉在河西走廊和西域地区开疆拓土的过程中，

将归附的少数民族部众安置在属国之中,冠以"归义"或"义从"的名号,保留原有的部落组织,设立专门的名籍,设置官员对他们进行管理。史籍中虽然缺乏这方面的详细记载,但近代以来出土的汉简为我们了解这方面的情况提供了重要材料。

在居延、敦煌等地发现的汉简中,人们发现西汉政府为了管理郡中归附的羌人,在当地设置有护羌使者、护羌从事、主羌史、主羌使者、护羌都吏等官员。其中,护羌使者一职,从宣帝至西汉末年一直存在,设有幕府,开府治事,并可巡行各部,所到之处迎来送往的队伍颇为可观,传递的公文中也将其与州牧并列,学者们推测它与护羌校尉一样,很可能是官秩为从二千石的官职。护羌从事从宣帝至西汉末年一直存在,应是护羌校尉的属吏。主羌史不是护羌校尉的属官,为敦煌太守的属官。主羌使者和护羌都吏,虽不知是护羌校尉还是郡县的属官,但应该也都是管理羌人事务的官员。

此外,在居延、敦煌等地出土的汉简中,还发现了记载归义羌人名籍的木简,简文既有完整册子,也有一些散简,被称为《归义羌人名籍》或《归义羌簿》。这些木简的文书格式比较独特简略,每枚简上只写一个人名,记录人名时先界定身份"归义",然后列出所在的种姓，记录性别，没有郡、县、爵位、里名、名字、年龄、身高等记录，与居延、敦煌汉简中河西县里居民的户籍格式明显不同。

六、乡姐羌人的反汉活动

乡姐羌陇西反汉

汉元帝永光三年（前42年），西汉境内遭受了一次前所未有的灾荒。由于庄稼歉收，各地粮价飞涨，一时间人心惶惶，许多地方开始出现了混乱局面。居住在西汉陇西郡的乡姐羌部落也遭受了严重的灾荒，缺衣少食，生活没有着落。尽管这样，当地官员仍然向他们征收很重的赋役，逼得他们无法生存下去。这年秋天，乡姐羌人联合其他一些部落的羌人发动了大规模反抗斗争。羌人所到之处，攻城略地，掳掠人民，声势非常浩大，郡县的地方官员都束手无策。

汉元帝得到报告后，马上召集丞相韦玄成、御史大夫郑弘、大司马王接、左将军许嘉、右将军冯奉世到宫中商议对策。丞相韦玄成等人不熟悉边疆地区的情况，提不出什么好的对策。右将军冯奉世身经百战，很有谋略。早在战国时，他的先祖冯亭与赵国大将赵括共同守卫长平时英勇战死，先祖冯毋择、冯去疾、冯劫都曾做过秦国的相国和大将。由于家世显赫，冯奉世年轻的时候就被选入皇家禁军。后来，在出使西域时立了大功，被任命为光禄大夫、水衡都尉。汉元帝十分赏识他的才能，先后让他担任执金吾、后将军等一些重要职务。他见众人一筹莫展，便迈步上前对汉元帝说："羌人在国内发动叛乱，如果不及时平定，朝廷就很难威服远方的蛮夷。臣愿意为国分忧，率兵前去讨伐叛乱的羌人。"

汉元帝见冯奉世自告奋勇率兵出征，非常高兴，急忙问冯奉世需要多少兵马粮草。冯奉世回答说："我听说善于用兵的人，不会让国家虚耗财力，不再征发更多的徭役，作战时间不超过三年。因此，战事不宜久拖不决。以往领兵出征的将领，不了解对方的情况，以至于损兵折将，朝廷多次增派军队，旷日持久，耗费无数，国家的威信也因此受到了损害。现在，反叛的羌人估计有3万多人，按照兵法应该用多一倍的兵力。但反叛的羌人缺少武器，而且不太精良，所以，用兵4万，不出一个月时间就可以平定叛乱。"

丞相韦玄成、御史大夫郑弘等人认为，时下国家正处于困难时期，派不出更多的军队，1万人就足够了。冯奉世马上进行了争辩,认为现在国家正在遭受饥荒,士兵和马匹都很瘦弱,作战器具也好长时间没有进行修理,军队的战斗力已大不如前,境外的少数民族都十分轻视边境地区的官吏。前去征讨羌人的1万人马分别驻扎在好几个地方,如果要出击的话,兵力不足,只会损兵折将。如果进行防守的话,就没有力量保护当地的百姓。羌人见我们兵力单薄,就会相互串联,共同起来反叛。到那时,需要征调的军队恐怕就不止4万人了。少派兵旷日持久和多派兵速战速决,两者之间的效果相差万倍!

尽管冯奉世据理力争,但汉元帝最后决定只拨给他12000人,并任命典属国任立和护军都尉韩昌为他的副手,让他们以领兵屯田的名义,迅速赶往陇西镇压彡姐羌的反抗斗争。

冯奉世反败为胜

冯奉世率兵到达陇西后,将部队分别驻扎在了三个地方。任立率领一部分人马驻扎在白石(在今甘肃临夏南),作为左路军。韩昌率领一部分人马驻扎在临洮(今甘肃岷县),作为右路军。他本人率领主力驻扎在首阳县(今甘肃渭源)西极山,作为中路军,打算兵分三路,稳扎稳打,最后分进合击,打败乡姐羌人。

但是,由于冯奉世率领的部队人数太少,在与乡姐羌人作战时常吃败仗。有一次,乡姐羌人劫持一些汉族百姓撤往广阳谷(在今甘肃)。冯奉世为解救被劫百姓急忙率兵追赶。当汉军追到降同阪这个地方时,遭到了乡姐羌人的顽强阻击。冯奉世派一名校尉率兵与阻击的乡姐羌人争夺有利地形,另外派一名校尉率兵到广阳谷解救被乡姐羌人劫持的百姓。但是,乡姐羌人多势众,出击的两路汉军都寡不敌众,大败而还,两名校尉也被乡姐羌人杀死。冯奉世见乡姐羌人多势众,汉军兵力单薄,难以取胜,便急忙上奏朝廷,请求增派援兵。汉元帝见冯奉世连吃败仗,追悔莫及,索性下令在全国各地一次性征调6万名士兵前去增援,并且任命太常任千秋为奋威将军,到前线去协助冯奉世指挥作战。

这年十月,任千秋率领援兵赶到陇西。十一月,汉军在冯奉世和任千秋的指挥下,向乡姐羌人发动了猛烈攻势。乡姐羌人虽然进行了顽强抵抗,但由于武器装备差,缺乏强有力的组织指挥和正规的军事训练,很快就被汉军打败,先后牺牲了好几千人,幸免于难的一部分人也匆匆逃到了西汉边境之外的地方。

在镇压乡姐羌人反抗的战争紧张进行的时候,汉元帝任命定襄太守韩安国为建威将军,准备率领征调的1万名士兵前去支援。部队还没有出发,听说乡姐羌人已经被打败,就撤销了前进的命令。为了防备羌人再来捣乱,汉元帝命令出征的一部分官吏和士兵驻扎在一些地形险要的地方进行屯田。第二年二月,冯奉世返回京城,因镇压乡姐羌人有功,加官晋爵,跟随他出征的一些校尉也得到了相应的封赏。

乡姐羌人的反抗斗争被西汉镇压下去后,羌人的势力受到了沉重打击,一时间难以恢复,西汉的西部边境也在此后的十多年间平安无事。

七、王莽诱夺卑禾羌地

良愿献地远迁

西汉末年,刘氏皇室的权威不断下降,宦官和外戚乘机干预朝政,将西汉王朝弄得乌烟瘴气。后来,外戚出身的王莽凭借自身的才能和太后王政君的信任,逐步在政坛上崭露头角。元寿二年(前1年),汉哀帝病死后,在太后王政君的主持下,王莽执掌朝政。他积极培植党羽，大肆排除异己，将大权完全掌握在自己手中。元始元年（公元元年），王莽被册封为"安汉公"，地位在三公九卿之上。当时，北方的匈奴、东方的高句丽、南方的黄支等国家都臣服于西汉，只有青海地区的羌人并未完全臣服于西汉。王莽为了显示自己教化四海、怀柔远方的能力，决定采取行动拓展西汉的西部疆域，将羌人纳入天子的管辖之下，实现"四海一统"。

汉平帝元始四年（4年），经过一番精心的策划后，王莽派中郎将平宪等人带着大量的金银财宝和绫罗绸缎，来到卑禾羌海（今青海湖）附近的卑禾羌部落中间，企图用财物引诱羌人首领们献出自己居住的土地，臣服于西汉。平宪等人一方面以西汉强大的武力作后盾，对羌人首领进行威胁，另一方面又以大量财宝为诱饵，花言巧语欺骗羌人首领献地。卑禾羌首领良愿，性格懦弱而又嗜财如命，他既害怕拒绝平宪等人的无理要求后，会遭到西汉军队的武力报复，自己没有安生日子过，又十分垂涎平宪等人带来的财物，不愿错过这次难得的机会。最终，他不顾部落里大多数人的反对，答应了平宪等人的要求。

平宪见良愿答应献地，便急忙上奏朝廷说："卑禾羌首领良愿管辖的部民有12000人,他们愿意成为我朝的藩属,献出鲜水海(今青海湖)、允谷(即大允谷,今沙珠玉河流域各地)、盐池(今青海湖西南的茶卡盐湖)等地势平坦、水草丰美地方,自己居住在辽远苦寒的地方。臣问良愿为什么要献地内附?良愿回答说:'太皇太后圣明,安汉公至仁,天下太平,五谷丰登,凤凰来仪,神爵隆集。羌人不再遭受疾苦,因此乐意归附汉朝。'朝廷应该顺应天意,设置属国加以管理。"好大喜功的王莽也乘机上奏王政君,认为太后主持政事以来,恩泽浩大,四境安宁,远方不同风俗的部落和国家都非常仰慕。……现在良愿等献出领地,愿意成为我朝的臣民,比之过去的唐尧有过之而无不及。现在,国内已有东海、南海、北海三个郡,唯独缺个西海郡,请在良愿所献的土地上设置西海郡。王政君十分高兴,马上批准了王莽的建议。

同年冬天,西汉政府在良愿献出的土地上设置了西海郡,治所设在龙夷(又名龙耆,今海晏县三角城)。同时,又在青海湖湖滨设置了五个县,归西海郡管辖。为了加强西海郡和各县之间的联系,还在沿湖一带修建了许多邮亭和烽火台,派专人进行管理。20世纪80年代以来,考古工作者在青海湖周边各县发现了规模形制相同的5座汉代古城:海晏县境内的三角城古城和尕海古城、共和县境内的曹多隆古城、兴海县境内的支东加拉古城、刚察县境内的北向阳古城,应该就是西海郡及所辖五个县的治所所在地。

西海郡设立后,王莽又订立了50多条严厉的新法令,规定将触犯这些法令的人全部发配到西海郡。在短短的几年时间中,百姓因触犯法令被强行发配到西海郡的数以万计,深受其害,怨声载道。

卑禾羌收复故地

卑禾羌首领良愿献出青海湖周围的大片土地后,自己只得率领部众向更偏僻的地方迁徙。由于迁徙后的居住地各方面条件赶不上青海湖地区,时间一长,部落里的人怨言四起,对西汉巧取豪夺、霸占别人家园的做法十分不满,因而时常想着从西汉手中夺回自己的故土。

王莽居摄元年(6年),羌人首领庞恬、傅幡率兵攻打西海郡,试图夺回西海故地。西海郡太守程永见羌人来势汹汹,而自己手下并无多少兵马可以调遣,便弃城逃跑,后来被王莽处死。就在羌人重新占领西海郡的第二年,王莽派护羌校尉窦况率大军征讨羌人,窦况打败羌人后重新恢复了西海郡。始建国元年（9年），王莽称帝后，西海郡的官员于同年十月在郡治所在地龙夷制作了一件"虎符石匮"，该石匮长1.3米，宽1.17米，高1.1米，正面从右至左凿刻有"西海郡虎符石匮始建国元年十月癸卯工河南郭戎造"22个字。王莽末年，农民起义风起云涌，新莽政权摇摇欲坠，再也无力经营远在西陲的西海郡。羌人乘机出兵占领了西海郡，收复了故地。

王莽诱夺卑禾羌人的领地设置西海郡的行动，虽然将西汉王朝的版图扩展到了青海湖地区，并在这些地区第一次设立了郡、县等行政管理机构，具有一定的政治意义。但他好大喜功，不顾国内实际一味向外扩张的错误做法，不仅加重了百姓的负担，而且激化了羌人与西汉之间的矛盾，使青海地区战火连绵，生灵涂炭。

去胡来王无辜被诛

刚愎自用的王莽在激化西汉与青海地区羌人矛盾的同时，还在处理西汉与西域各国之间的关系方面采取了一系列不明智的做法，引起了西域各国的不满，使相互之间的友好往来受到影响。

西汉平帝四年（前4年），活动于今新疆地区的婼羌和赤水羌发生纷争。婼羌国多次受到邻近的赤水羌的攻击，去胡来王唐兜向西域都护但钦告急并请求援助。此时西汉朝局已每况愈下，在西域地区的统治在匈奴的多次攻击下摇摇欲坠，西域车师后国、焉耆等国叛汉归附匈奴，西域都护府已经没有力量进行援助，加之但钦与唐兜有怨，没有按时派遣援兵。唐兜退至玉门关，又被守将拒绝入关，不得已率领妻子人民千余人逃亡并投降匈奴。后来，王莽派遣中郎将韩隆等去匈奴，强行将唐兜带走。匈奴虽然出于传统的战略考虑而接纳唐兜，当被迫交出时也为之陈情，请求减轻处罚。骄横而短见的王莽，不仅置若罔闻，还召集西域诸国王，将唐兜等当众斩首，在民族关系史上留下了极其可鄙的一页。

东汉时期羌人的反抗斗争

一、东汉底定陇右

隗嚣割据陇右

公元 23 年，新莽政权在此起彼伏的农民起义浪潮中崩溃后，各地的割据势力迅速兴起，全国陷入四分五裂的混乱状态之中。当时，在西北地区也兴起了两个比较强大的割据势力。其中一个是占据河西走廊地区的窦融，一个是占有广大陇右地区的隗嚣。

窦融，字周公，扶风平陵（在今陕西咸阳西）人，曾经在新莽政权中担任过波水将军。新莽政权垮台后，投降了农民起义军。因为他的父辈以前曾在河西地区做过官，所以，他请求到河西地区担任了张掖属国都尉这一职务。后来，河西地区的酒泉、张掖、武威、敦煌及金城 5 个郡的官员，共同推举窦融为河西五郡大将军，统一管理5个郡的事务。在窦融的率领下，河西地区的5个郡积极发展生产，整顿军备，加强防务，使河西成为当时全国最安定最富裕的地方之一。隗嚣，字季孟，天水成纪（今甘肃秦安）人，年轻的时候曾在州、郡做官，后来辞官回乡隐居。绿林、赤眉起义爆发后，他的季父隗崔等人起兵响应，并推举他为上将军，统领10多万军队，占据陇右地区。

在中原地区群雄争霸、政局动荡之际，河湟地区的羌人乘机袭扰汉朝边境。先零羌首领封何联合其他部落的羌人，一举攻破了金城郡，杀死了金城太守。河西走廊地区的几个郡在窦融的率领下，相互支援，多次挫败了封何的进攻。羌人在进攻窦融失败后，有些向窦融表示友好，有些归顺了窦融，双方互不侵犯，和平相处。自称西州上将军的隗嚣，虽然拥兵10多万，但对袭扰边境的羌人也没有力量进行讨伐。为了稳固自己的后方，壮大自己的势力，他千方百计笼络羌人部落首领，使他们依附于自己，依靠他们的力量称雄西北。

公元25年，参加绿林起义的西汉宗室贵族刘秀在河北即皇帝位，建立了东汉政权。刘秀称帝后，马上致力于消灭各地的割据势力。割据陇右的隗嚣见东汉政权的发展势头很盛，表面上表示归顺东汉，实际上阳奉阴违，观望全国形势的变化。原先依附于隗嚣的窦融见新兴的东汉政权势力强盛，便派人向东汉奉书献马，归顺了东汉，被任命为凉州牧。就在窦融归顺东汉后不久，一意孤行的隗嚣转而与在四川称帝的公孙述联合，共同对抗东汉政权。

建武八年（32年），光武帝刘秀亲率大军讨伐隗嚣。凉州牧窦融也率领河西五郡太守以及羌人、月氏人的部队好几万人，配合东汉军队作战。在东汉军队的猛烈攻击下，隗嚣众叛亲离，不久就病死了。

在东汉政权与隗嚣割据势力相互对峙的时候，光武帝刘秀为了瓦解隗嚣和羌人的联盟，削弱他的力量，任命温序为护羌校尉，派他到西北地区去招降和安抚羌人。但当温序和随从人员走到襄武（在今甘肃陇西东南）时，不幸被隗嚣的部将苟宇俘虏。苟宇劝温序投降，温序坚定地说："受国重任，理当以死效命，我决不贪生怕死，辜负皇上对我的恩德。"苟宇不甘心，又劝说了很多次，温序大怒，大声呵斥苟宇道："你们怎么敢胁迫汉朝的大将！"并手拿符节杀死了好几个人。苟宇的部下争着要上前杀掉温序，苟宇阻止道："此义士也，宁死护节，还是赐给他一把剑。"温序拿起剑，将长长的胡须衔在口中，环顾四周后道:"今天为贼人所杀,不要让土弄脏了我的胡须!"说罢毅然挥剑自刎。光武帝刘秀知道后,叹息不已,下令厚葬温序。

马援出镇陇西

马援,字文渊,扶风茂陵(在今陕西平陵西)人。先祖赵奢为战国时赵国的名将,号马服君,子孙遂以马为姓。马援在兄弟四人中排行老四,很小的时候就胸怀大志,几位兄长都觉得他是个奇才。马援12岁时,父母双亡,便跟随在河南做官的长兄马况一起来到河南,师从当地学者满昌学习《齐诗》。他见家中经济拮据,便想放弃学业到边郡地区放牧,以贴补家用。长兄马况鼓励他说:"你是大器之才,当晚成。良工不示人以朴,你就做你自己喜欢做的事情。"恰在此时,马况病逝,马援为兄长守墓,从不离墓地半步。后来,马援做了郡督邮。有一次,他出于同情放走了犯有重罪的囚犯,自己也不得已亡命北地郡(郡治富平在今宁夏吴忠西南)。后来遇到朝廷大赦,便留在当地放牧。由于他为人仗义,前来归附他的人很多。他专心经营农牧生产,常常拿"丈夫为志,穷当益坚,老当益壮"这句话来激励自己和手下人,很快就拥有了数千头牛羊,数万斛粮食。而且,他时常诫勉自己:"拥有万贯家财,贵在能帮助和接济穷人,否则就成了守财奴!"

新莽末年,马援出任新城大尹(即汉中太守)。新莽政权垮台后,他避难凉州,受到隗嚣的器重,被任命为绥德将军,参与军政大事的决策。后来,隗嚣派马援先后拜见了四川的公孙述和光武帝刘秀。他通过观察二人的言行举止,认为公孙述妄自尊大,是井底之蛙,而刘秀有帝王的气度,极力劝说隗嚣归顺东汉。后来,他自己也来到洛阳居住下来。隗嚣举兵抗汉后,马援多次写信劝说隗嚣的部将和羌人首领投汉。建武八年(32年),光武帝刘秀率兵亲征隗嚣,当大军行进到漆县时,部将们都劝阻刘秀不宜深入险阻之地。就在刘秀犹豫不决时,恰巧马援应召来到军营中,认为隗嚣的部队有土崩瓦解之势,劝说刘秀进兵,并当场用米堆成山川地形图,分析形势,指明大军前进的道路,刘秀高兴地说道:"虏在吾目中矣!"第二天,汉军继续进兵,大败隗嚣。

隗嚣割据势力被东汉消灭后,陇右地区的局势在很长一段时间内仍然十分混乱。塞外的先零羌等多次大举进攻边境。先前迁移到内地的羌人,也纷纷聚居到一起,在各地修起了许多堡垒,凭垒据守,郡县的官员无力进行讨伐。建武九年（33年），东汉政府任命马援为太中大夫，协助中郎将来歙平定陇右。在马援的帮助下，来歙修造了大量的攻城器械，集中全力讨伐入掠边境的羌人。经过几次交锋后，东汉军队终于在金城大败羌人，杀死了好几千人，缴获了数万头牛羊和十万斛谷子，才使陇右地区的局势慢慢稳定下来。随后，来歙上奏光武帝刘秀，认为陇右地区遭受了多年战乱，已经残破不堪，非马援无人能够平定。建武十一年（35年），朝廷颁布玺书，拜马援为陇西郡太守，负责经营陇右地区。

就在马援出任陇西太守的同年十一月，塞外的先零羌又一次进扰东汉的临洮（今甘肃岷县）。马援亲自率领3000人前去迎敌，经过苦战，打败了先零羌，缴获了数万头牛羊。此前为东汉守卫边塞的羌人，见马援文武兼备，指挥有方，陆陆续续前来向他投降的有8000多人。

当时，临洮以西的地区仍有好几万羌人聚集在一起，四出抢掠，并且派人把守浩门隘（在今甘肃永登境内），企图阻止东汉军队向西前进。羌人虽然人多势众，但是扶老携幼，赶着牛羊，行动十分不便，加上各部落各自为战，不能团结一致，因此，战斗力并不是很强。当他们见陇西太守马援和扬武将军马成率兵前来讨伐时,便乱了方寸,急急忙忙携带妻儿老小和一些重要财物转移到了允吾谷(今青海民和川口河谷)。马援见羌人不战而逃,急忙率领军队从山间小道前进,悄悄赶到了羌人的营地。惊魂未定的羌人见东汉军队突然神不知鬼不觉地从天而降,非常吃惊,再次急急忙忙向西撤退到了唐翼谷(在今青海乐都西)。马援率兵紧追不放,一直赶到了唐翼谷。

　　羌人撤到唐翼谷后,抢占了有利地形,并且将主力集中在山谷北面的山上,想与东汉军队决一死战。马援见羌人占据有利地形,自己若是率兵强攻,必定会遭受重大伤亡,因此决定采取正面佯攻、侧后偷袭的办法。他首先将主力部队面向北山一字摆开,做出要进攻的样子,吸引羌人的注意力,然后派数百名骑兵悄悄绕到山后,天黑后放起大火,敲响战鼓,并大声喊叫,发出冲杀的声音。正在梦乡中的羌人被惊醒后,见山后火光冲天,喊杀声不断,以为是东汉军队的援兵到了,一时间军心大乱,人人只顾四处逃命。马援见羌人阵脚已乱,马上率领主力从正面发起攻击。激战中,一支利箭穿透了马援的大腿,鲜血直流。但马援毫不在意,仍然骑在马上指挥作战。在东汉军队的猛烈攻击下,羌人溃不成军,被杀死的有好几千人。

马援虽然接连打了好几次胜仗,但无奈自己率领的军队很少,对逃跑的羌人不敢穷追,只得带着从羌人手中缴获的粮食、牲畜等战利品撤回驻地。对前来投降的羌人,马援也做了妥善安排,先后将他们迁徙到天水、陇西、扶风等郡,让他们与当地的汉人共同居住,共同生活。

由于多年的战乱破坏,金城郡管辖下的青海河湟地区农田荒芜、人口锐减,以至于原先设立在这里的一些县也都无法存在下去。建武十二年(36年),东汉政府不得不将金城郡撤销,并入了陇西郡,青海河湟地区也同时归陇西郡管辖。当时,朝中许多没有远见的大臣认为,金城郡破羌县(治所在今乐都区老鸦城)以西的地方,路途遥远,又多羌寇,建议朝廷放弃。马援知道这件事后,马上上书光武帝刘秀,坚决反对放弃这些地方。他十分清醒地指出,破羌以西的一些城池仍然十分坚固、完整,可以用来防守。那里的土地十分肥沃,而且有非常便利的灌溉渠道。倘若让羌人占领了这一地区,就会成为严重的边患,为害不休,因此,千万不可放弃。光武帝刘秀十分赞同马援提出的这些颇有远见的看法,下定决心继续经营河湟地区。他下诏命令武威太守把战乱时从河湟地区逃到武威避难的百姓遣返回去,前前后后遣返回去的有3000多人。

建武十三年(37年),东汉政府再次恢复了金城郡。同年,武都郡的参狼羌人和金城郡塞外的羌人同时进犯东汉边境的郡县。羌人所到之处,摧城拔寨,杀戮官员,百姓惶惶不安。陇西太守马援急忙率领4000人前去讨伐。当他率领军队来到氐道县(在今甘肃礼县西北)时,羌人已占领了许多山岭,企图阻击东汉军队。机智的马援抓住羌人不善于防守的弱点,命令部队驻扎在山下地形开阔、交通便利的地方,切断羌人的水源和后勤补给线,然后按兵不动,围而不打。固守山岭的羌人由于得不到水源和后勤补给,时间一长就坚持不住了,纷纷四处溃逃,其中大部分逃到了边境之外,只有一小部分投降了马援。经此一战,塞外羌人损失惨重,从此很少袭扰东汉的边境了。

为了尽快恢复和发展陇右地区的社会经济,马援一方面积极完善各地的行政管理机构,上奏朝廷增设了许多官员,另一方面督导各地的官员修缮被战火毁坏的城郭,新建了一批亭障坞堡。同时,他还督促各地大力兴修水利,疏浚渠道,增加水田面积,劝说和鼓励农民发展农牧业生产。在发展农收业生产的同时，马援还十分注意改善东汉和塞外羌人部落的关系。他派遣一个名叫杨封的羌人首领到塞外去劝说其他羌人部落首领，让他们和东汉王朝和亲。此外，他还妥善安置前来投降的羌人部落，奏请朝廷册封其首领为王和侯，赐给印绶，并给予一定的权力，让他们继续管理本部落内部的事务。由于马援处置得当，羌人很少袭扰边境，包括河湟谷地在内的广大陇右地区，社会秩序良好，百姓安居乐业，出现了安定团结的喜人气象。

马援担任陇西太守期间，广施恩信，宽以待下，放手让手下的官员处理琐碎的事务，自己只过问一些大事。有一次，狄道县（今甘肃临洮）的邻县发生了一起仇杀事件，受到惊吓的官员和百姓误以为是羌人反叛，纷纷逃到县城中躲避。狄道县的官员也在情急之下不辨真伪，请求马援关闭城门，发兵镇压。而马援此时正在府中和宾客们饮酒，当他听完部下的汇报后哈哈大笑，不慌不忙地说道："烧当羌怎么敢来侵扰！告诉狄道县的官员们，叫他们回到自己的工作岗位上，胆小怕事的，可以躲在床底下。"没过多久，紧张的局面就平静下来了，全郡的人都惊叹不已，十分佩服马援的胆识。

复设护羌校尉

东汉政府恢复了在陇右地区的统治秩序后,西部地区羌人的管理问题便提上了议事日程。当时,担任司徒掾一职的班彪上书光武帝刘秀,认为凉州各地都安置有归降的羌人,这些羌人的生活习俗本来就与汉人不同。现在他们和汉人居住在一起,由于语言不通,常常受地方官员和奸诈之人的欺负、压迫,生活非常贫困,因而十分愤恨,常常起来造反。现在,应该依照西汉旧制,设立护羌校尉这一官职。光武帝刘秀采纳了班彪的建议,任命牛邯为护羌校尉,持节处理西部地区的羌人事务。但是,由于当时陇右地区的战事还没有结束,道路不通,牛邯一直没有能够去上任。牛邯死后,护羌校尉这一官职一度被撤销。后来,随着形势发展的需要,东汉王朝又重新恢复了这一官职。

东汉护羌校尉的办公地点变化非常频繁。最初在令居,后来又迁到了狄道。汉章帝时迁移到了安夷(治所在今平安区平安镇西),第二年向西迁到了临羌(治所在今湟中区多巴镇破塌城)。羌人大规模起义爆发后,又先后迁到张掖、令居。先后出任这一职务的人也很多,史书记载下来的就有30余人,分别是温序、牛邯、窦林、郭襄、吴棠、傅育、张纡、邓训、聂尚、贯友、史充、吴祉、周鲔、侯霸、段禧、庞参、马贤、任尚、韩皓、马续、胡畴、赵冲、卫瑶（一作卫琚）、张贡、第五访、段颎、胡闳、皇甫规、田晏、泠徵、夏育、杜畿、杨瓒。其中马贤先后三次出任这一职务，侯霸和段颎两人先后两次出任这一职务。

东汉安帝以前，由于迁徙到东汉境内的羌人得到了比较好的安置，西北边境地区的社会秩序相对比较稳定，护羌校尉的精力主要放在对付塞外的羌人部落上。羌人反抗东汉统治的大规模起义斗争爆发后，护羌校尉的任务主要是镇压羌人的反抗斗争，护羌校尉也就慢慢成为东汉政府镇压羌人反抗斗争的主要人物。

在镇压羌人反抗斗争的过程中，由于羌人时常进扰关中三辅地区（三辅指京兆尹、左冯翊、右扶风，治所在长安城中，辖区为今陕西中部地区），东汉于中平六年（189年）十二月撤销了设在扶风郡的扶风都尉，设置了汉安都护一职，总管防御西羌进扰事宜。关于汉安都护与护羌校尉之间的关系以及汉安都护活动的情况，由于史书记载很少，目前还难以确知。

初分西羌东羌

东汉以来，随着羌人的发展、迁徙与分化，羌人不仅居住于西北各郡县及边境内外，在北地、上郡、西河等地区也有大量分布。到东汉安帝、顺帝时期（107—144年），史书记载中开始出现了西羌与东羌的区分。胡三省在为《资治通鉴》所作的注释中对东、西羌进行了界定，他认为居住在安定、北地、上郡、西河等郡的羌人称为东羌，居住在陇西、汉阳、金城等郡①及金城郡塞外的羌人称为西羌。

关于西羌与东羌的关系，有学者认为东羌就是西汉、东汉时内迁的西羌，与西羌没有什么本质的区别；有的学者认为东、西羌不同，东羌不仅见于两汉，而且在先秦时期就居住在北地、上郡一带，匈奴强盛时被征服，役属于匈奴，形成羌胡混杂的局面，被称为"羌胡"。有学者认为，西羌内迁，虽在西汉时期就已存在，但主要是在东汉时期，不仅次数多、人数多，内迁的地区不仅不局限于沿边郡县，还深

---

① 安定郡（治临泾县，今甘肃镇原南）；北地郡（治富平县，在今宁夏吴忠西南）；上郡（治肤施县，今陕西绥德）；西河郡（治离石，今山西离石）；陇西郡（治狄道，今甘肃临洮西南）、汉阳郡（治冀县，今甘肃甘谷）；金城郡（治允吾，今青海民和境内）。

入到安定、北地、上郡，甚至关中的三辅地区和河东。东汉西羌内迁的情况大体可以分为三类：一类是西羌酋豪主动请求内迁；一类是西羌酋豪率众进犯边塞，经过战斗或俘或降；一类是汉军出塞攻击羌人，羌人或俘或降。据粗略统计，两汉时期迁入郡县的羌人总数在70万人以上。

从史书记载看，内迁于郡县的羌人情况并不相同，被安置在金城、陇西等地的羌人，因与羌地相接，保有较大的独立性，大致可以分为属国管辖的羌人和守塞羌或保塞羌两类，一般均保持原有的社会结构和风俗习惯。迁徙至安定、北地、上郡、西河以至三辅等内郡的羌人，与属国羌和保塞羌有较大的区别，他们与汉、胡杂处，要受郡县的管辖。但无论如何，内迁的西羌和东羌与汉族错居杂处，已经不可能保留原有状态，羌人社会与汉族社会已经逐步形成内在的结合关系，羌人虽处于被剥削受压迫受歧视的境地，但汉族的政治经济文化仍然对羌人产生了深刻影响。

二、烧当羌的反抗斗争

滇吾起兵抗汉

东汉政府在通过设立护羌校尉加强对羌人统治的同时,为了防备羌人的骚扰,节省在边境地区驻军的开支,减轻国家的经济负担,继续沿用西汉时期的做法,把内地的农民、士兵和罪犯长途迁徙到河湟地区进行屯田。开始的时候,屯田只局限在湟水流域,后来,屯田不断向羌人腹地推进,由湟水流域推进到了黄河流域,甚至延伸到了青海湖地区。屯田的不断扩展,虽然在一定程度上促进了羌人和内地的经济文化交流,将内地一些先进的耕作方法和生产工具引入了青海,加快了河湟地区农业生产的发展。但是它又无形中夺占和蚕食了羌人的牧场和农田,迫使羌人离开了世世代代生活的家园,向条件更加恶劣的地方迁徙,激起了他们的强烈反抗。

此外,东汉政府为了分化羌人的势力,利用各种机会将大批羌人强行迁徙到内地的一些郡县,要么让他们守卫边塞,叫作"保塞羌",要么把他们组织起来屯田,叫作"屯羌",要么征发他们从军,四处征战,叫作"羌骑"。因此,到了东汉后期,西北地区羌人的分布已经发生了很大变化，史书上对羌人的称呼也开始有了东羌和西羌的区分。居住在安定、北地、上郡、西河4个郡的羌人通常被称为东羌，居住在陇西、汉阳、金城等郡和边境外的羌人通常又被称为西羌。居住在东汉境内的羌人，不仅没有土地等生产资料，原来的部落组织也被全部打乱，在生产方式、生活习惯上受到歧视和限制，而且还受到地方政府和豪强地主的残酷压迫与剥削，处境非常悲惨，因此，常常联合东汉境外的羌人共同反抗东汉政府的统治。

烧当羌是西羌中非常重要的一支。烧当本来是人名，是烧当羌部落的首领，传说是研的第十三代孙，后来成为这个部落的称号。从烧当起，烧当羌人一直居住在黄河以北的大允谷（在今共和县境内）。由于部落势力弱小，经常遭受先零、卑湳等强大部落的欺压和扰掠。烧当的玄孙滇良做了部落的首领后，由于才能突出，在众多羌人部落中赢得了很高的声望。他见自己的部落经常遭受先零、卑湳等部落的欺压，非常愤恨，决心改变这种积弱积贫的状况。他首先联络了其他一些小部落，然后率兵悄悄来到了先零羌居住的大、小榆谷（今海南州黄河以南和黄南州大部分地区），乘先零羌不备，发动突然袭击，打败了先零羌，夺取了先零羌的财物和牲畜，并占有了大、小榆谷。由于大、小榆谷的自然条件非常优越,烧当羌占有这个地方后,很快发展成为当时西羌中实力最强大的部落之一。

中元元年(56年),滇良的儿子滇吾做了烧当羌部落的首领。滇吾和他父亲一样很有才干,而且非常擅长谋略。他对东汉政府在羌人地区屯田和欺压羌人的做法十分不满,经常鼓动一些羌人部落骚扰东汉的边境。就在这一年,武都郡的参狼羌因不堪忍受东汉政府的残酷压迫,杀死地方官员后起来进行反抗。武都太守率兵前去镇压,却屡战屡败。陇西太守刘盱派从事辛都、监军掾李苞率兵5000前往支援,杀死了起事羌人的首领,俘虏了1000多人,其余的全部投降。

第二年,滇吾和他的弟弟滇岸为了声援参狼羌人的反抗斗争,率领5000步兵和骑兵进攻陇西郡。陇西太守刘盱急忙派兵到枹罕进行征讨。不久,东汉军队与羌人在允街(治所约在今甘肃省兰州市红古区)发生激战,羌人在滇吾的指挥下打败了东汉军队。为东汉守卫边塞的守塞羌见东汉军队吃了败仗,纷纷起来响应滇吾。东汉政府又急忙派谒者张鸿率领大军去镇压,先后在允吾和唐谷(在今乐都西)与羌人展开激战,最后仍遭失败,张鸿和陇西郡长史田飒也被羌人杀死。与此同时,天水郡的汉军在白石(在今甘肃临夏南)被牢姐羌打败,死伤1000多人。

东汉军队连吃败仗,使东汉政府大为震惊,连忙调兵遣将,派捕虏将军马武、中郎将王丰、监军使者窦固率领4万大军再次前去镇压。当东汉军队前进到金城郡的浩门(在今甘肃永登南)这个地方时,与滇吾率领的羌人发生激战。东汉军队凭借人数上的优势,击退了羌人,杀死了600多人。随后,马武等人率兵继续向西推进,在乐都谷(在今乐都境内)又与滇吾率领的羌人发生了一场血战,羌人出奇制胜,汉军死伤1000多人。羌人虽然大获全胜,但自身的伤亡也非常惨重,只得向边境以外的地方撤退。马武等人见羌人开始撤退,便马上率兵追击,最终在东、西邯(在今化隆县境内)一带追上了撤退的羌人,屠杀了4600多人。滇吾只率领少数随从逃脱,其余的7000多人投降了汉军,最后被强行迁徙到了三辅地区。

滇吾、滇岸兄弟领导的反抗斗争被镇压下去后,东汉政府任命谒者窦林为护羌校尉,并将护羌校尉的治所迁到了令居(在今甘肃永登境内,大通河东岸)。由于窦林能够善待和安抚羌人,因而很快就赢得了羌人的信任,滇吾的弟弟滇岸来到令居向窦林投降。窦林和手下人不知道滇岸只是烧当羌部落里的一个小首领,而不是整个部落大首领的情况,稀里糊涂地上奏朝廷说滇岸是烧当羌的大首领。汉明帝按照惯例册封滇岸为归义侯,并赐予他"汉大都尉"的称号。过了一年后,烧当羌大首领滇吾前来投降,窦林又一次上奏朝廷说滇吾是烧当羌的大首领。汉明帝见一个部落中竟然有两个大首领,觉得非常奇怪,下令调查。窦林为掩盖过失,狡辩说滇岸就是滇吾。最后,汉明帝知道了事情的真相后罢免了窦林。恰好就在这个时候,凉州刺史向朝廷揭发了窦林此前所犯的一些罪行,窦林被处死。窦林死后,谒者郭襄继任护羌校尉。郭襄性格懦弱,胆小怕事。当他走到陇西时,听说凉州地区的羌人正在闹事,就马上掉头返回了京城,最后被免去了官职。

　　滇吾投降了东汉后,他的儿子东吾做了烧当羌的大首领。因为父亲已经投降了东汉,东吾也率领一部分部众来到东汉境内居住下来,接受东汉政府的管理。东吾的弟弟迷吾率领自己的部众仍旧居住在大榆谷,并且时不时地骚扰东汉边境。

河湟虐羌事件

就在烧当羌的反抗斗争渐渐趋于平静时，河湟地区又接连发生了两起地方官员无辜迫害羌人的事件，使羌人和东汉政府的关系骤然紧张起来，成为西北羌人大规模反抗东汉政府残酷统治的导火索。

当时，居住在东汉边境外的烧何羌遭到了卢水胡（原先居住在黑河流域的匈奴人）的袭击，损失惨重。就在部落生死存亡的紧要关头，部落女首领比铜钳当机立断，率领部众来到金城郡的临羌县避难，并请求东汉政府给予保护。比铜钳虽已年过百岁，但她为人仗义，足智多谋，很受大家的尊敬和信任，大家对她也是言听计从。烧何羌人来到临羌县后，虽然名义上受到了东汉政府的保护，但寄人篱下，东汉政府对他们并不是很重视，只打算让他们在临羌暂避一时，并没有给予更多的优待政策，他们的处境也没有多少改观。有一次，部落里有人触犯了东汉的法律，临羌县令未经慎重考虑便将他们的女首领比铜钳逮捕入狱，并且派兵杀害了六七百名烧何羌人。

临羌县令的这一鲁莽做法，激起了其他羌人部落的公愤，纷纷要求讨还公道。不久，汉明帝也知道了这件事，觉得临羌县令的做法过于残忍，对比铜钳的遭遇深表同情。他下诏说，昔日齐桓公讨伐戎夷而无仁惠之举，故《春秋》就贬低他并称他为"齐人"，如今国家没有仁德，恩惠也无法到达远方，羸弱的百姓又能如何，只能豁出去拼命，这要全部归咎于郡县的郡守和长吏妄加残戮。下令将比铜钳释放，命当地的官员请医生前去医治和探视，让她安抚和召集部众，不要惊慌。如果烧何羌人想返回故地，赠送礼物让他们回去。并且明确规定，以后，犯法的羌人前来自首，可以免除他们的罪行；因为图谋造反被逮捕但还没有被判刑的羌人，全部赏赐给有功的人。

经过东汉政府的积极挽救，比铜钳被捕事件虽然没有激起羌人的大规模反抗斗争，但羌人对东汉政府的戒备心理大大增强了。河湟地区的地方官员也并没有从这起事件中吸取教训，对羌人采取比较宽大的政策，反而更加肆无忌惮地欺压羌人。

建初元年（76年），安夷县的一位官员强抢卑湳羌部落的一名羌人妇女做自己的妻子，羌人妇女的丈夫一气之下杀死了这名官员后逃跑。当时，在东汉与羌人的关系比较紧张的情况下，这种事情本应谨慎处理，以免发生不必要的冲突。但安夷长宗延不分青红皂白，率兵前去追捕凶手，一直追到了边境外。

卑湳羌人见宗延一味偏袒自己人，害怕会连累部落里的其他人，于是联合起来杀死了宗延。宗延被杀后，卑湳羌人估计东汉政府不会善罢甘休，于是一不做二不休，与勒姐羌和吾良羌结盟，共同进攻东汉边境。陇西太守孙纯见羌人起来闹事，急忙派从事李睦率兵协助金城郡兵前去镇压，双方在和罗谷（在今化隆县境内）发生激战。由于卑湳羌势弱力单，很快就被东汉军队打败，死伤数百人。为了加强对河湟地区羌人的管理，东汉政府将护羌校尉的治所从狄道（今甘肃临洮）迁到了安夷县（治所在今平安区平安镇西），并任命曾担任过度辽将军的吴棠为护羌校尉，专门处理羌人事务。

迷吾袭杀傅育

卑湳羌的反抗斗争虽然被东汉军队很快镇压下去，但河湟地区的局势因此动荡不安。

建初二年（77年）夏天，烧当羌首领迷吾联络了其他一些羌人部落后，打算迁到东汉边境以外的地方去居住。金城太守郝崇领兵前去追击，不料在荔谷被羌人打败，死伤2000多人，郝崇本人只率领少数骑兵逃了回去。迷吾获胜后，其他一些羌人部落和东汉政府管辖下的匈奴人也纷纷起来响应。护羌校尉吴棠无力控制局面,不久就被免职。东汉政府改派武威太守傅育出任护羌校尉,并再次将护羌校尉的治所由安夷(治所在今平安区平安镇西)向西迁到了临羌(治所在今湟中区多巴镇破塌城)。

这年秋天,迷吾和封养羌首领布桥率领5万多人进攻东汉的陇西(今甘肃临洮一带)、汉阳(今甘肃天水一带)两个郡。东汉政府派遣代理车骑将军马防、长水校尉耿恭率3万精兵前去镇压。当大军前进到冀(大约在今甘肃天水西)这个地方时,封养羌首领布桥正率兵围攻驻守在临洮(今甘肃岷县)的陇西郡西南部都尉。马防立即率兵前去救援,但到临洮的道路非常狭窄,两辆车子不能并排行走,大军一时难以快速前进。马防急中生智,派两名司马率领几百名骑兵,分为前后两军,先大军一步来到离临洮10多里的地方安营扎寨,并在军营中树起了很多旗子,扬言"大军"第二天早上就要发起进攻。上当受骗的羌人探子回去后报告说东汉军队兵强马壮、势不可挡,围攻临洮的羌人心中不由胆怯起来。第二天,东汉"大军"大声叫喊着向前推进,羌人见东汉军队果然声势浩大,急忙向后撤退。东汉军队乘机发动攻击,斩杀了4000人,解除了临洮之围。

临洮之围解除后,马防积极采取措施安抚羌人,迷吾也率领部众前来投降,只有封养羌首领布桥率领2万多人盘踞在临洮西南一带的望曲谷继续坚持斗争。十二月,布桥在和罗谷打败了陇西长史率领的东汉军队。第二年春天,马防派司马夏骏率领5000人从大路向封养羌人进攻,派司马马彭率领5000人悄悄从小路向封养羌人的腹地推进,派长史李调率领4000人绕到封养羌人的西边。一切准备就绪后,三路东汉军队同时发起进攻,大败封养羌人,杀死和俘虏了1000多人,缴获了10万多头牛羊。不久,马防又率兵在索西(在今甘肃岷县东北)大败封养羌人,走投无路的布桥率领1万多人投降。马防在索西修建了一座城,起名索西城,将陇西郡西南部都尉迁到这里驻守。

羌人的反抗斗争被东汉军队暂时镇压下去后,他们并没有屈服。几年后,烧当羌联合其他羌人部落再次掀起了反抗东汉政府统治的大规模斗争。元和三年(86年),迷吾和他的弟弟号吾联合其他部落的羌人,多次进攻东汉边境。这年秋天,号吾冒冒失失地率兵进攻陇西郡,被东汉军队活捉后押解到了陇西太守张纡处。号吾见生还无望,便对张纡说:"杀了我号吾一个人,对羌人来说不会有多大损失。如果你们信得过我,将我放回去。我一定劝说羌人罢兵,从此不再侵犯边境。"张纡觉得号吾说得很在理,就将他放了回去。号吾回去后信守诺言,劝说羌人罢兵,返回各自的领地。迷吾也在号吾的劝说下撤兵,居住在黄河北岸的归义城中。

护羌校尉傅育本想率兵前去征讨羌人,后来见羌人信守诺言罢兵,也只好打消这个念头。但他觉得不瓦解羌人部落之间的联盟,就无法保证羌人以后不再闹事。因此,他派人到羌人中挑拨离间。羌人识破了傅育的这一阴谋,联合起来进行抵制。居住在东汉境内的许多羌人害怕东汉军队会对自己采取行动,纷纷前去投奔迷吾。

傅育见离间之计不成,迷吾的势力又日益壮大,于章和元年(87年)奏准朝廷后,征调陇西、张掖、酒泉等郡的军队2万多人,分三路围剿迷吾。立功心切的傅育没等其他两路军队到达指定地点,就单独率兵向迷吾发起进攻。迷吾得知东汉大军前来围剿的消息后,急忙率领部众撤退。傅育见迷吾不战而逃,就率领3000名精锐骑兵跟踪追击,天黑时赶到了建威以南的三兜谷(约在今尖扎县境内)安营扎寨,与羌人的营地相距几里地。由于傅育打算第二天早上就进攻羌人,因而疏忽大意,对羌人没有设防。迷吾见东汉军队没有设防,就在深夜派300人偷袭傅育的军营。遇袭的东汉军队在黑暗中乱作一团,四处逃散。傅育下马作战,在杀死了10多个羌人后也被羌人所杀。等到其他两路东汉军队赶到时,羌人已经安全撤退。傅育死后,东汉政府命陇西太守张纡出任护羌校尉,率领1万军队驻扎在临羌。

迷吾采用偷袭的方式杀死了傅育后不久,又率领7000多人再次进入金城郡境内。张纡派从事司马防率兵前去迎战,双方在木乘谷(约在今湟源县西北巴燕峡)展开激战。最后,迷吾战败,在走投无路的情况下派使者到临羌向张纡请降。张纡表面上答应下来,但当迷吾率领羌人首领亲自来到临羌拜见张纡时,张纡却在宴请他们的地方布置了伏兵,并在酒中下了毒。当羌人首领们都喝醉了的时候,伏兵四起,杀死了800多人。张纡还拿迷吾等5个人的头来奠祭傅育。张纡采取欺骗手段杀害了迷吾等羌人首领后,并没有放下屠刀,而是派兵屠杀了在山谷中放牧的400多名无辜羌人,俘虏2000多人。

迷吾的儿子迷唐得知父亲的死讯后,悲愤交加,朝着边境方向大声痛哭。为报杀父之仇,他积极拉拢烧何、当煎、当阗等羌人部落,通过缔结婚姻、赠送金银财宝的办法,与他们结成了同盟。内部得到巩固后,迷唐率领5000人进攻陇西郡,与陇西太守寇盱大战于白石(在今甘肃临夏南),作战失利后退回了大、小榆谷。但东汉辖区内的一些匈奴人和羌人对张纡的行为深为不满,而对迷唐的处境十分同情,纷纷前去投奔迷唐,并在迷唐的率领下多次进攻东汉边境。护羌校尉张纡对此束手无策,于永元元年(89年)被免职。不久,东汉政府任命张掖太守邓训为护羌校尉,前来河湟地区处理羌人事务。

邓训恩抚诸羌

邓训,字平叔,是东汉开国功臣邓禹的第六个儿子。很小的时候,他就志向远大,但不喜欢舞文弄墨,因此,常常遭到父亲的责备。成年后,邓训步入仕途。先后担任郎中、谒者等比较清闲的官职。后来,担任护乌桓校尉时,由于体恤百姓,治边有方,鲜卑等少数民族都不敢进犯东汉的边境。而且,邓训为人乐善好施,礼贤下士,很多人都慕名前来投奔他。护羌校尉张纡背信弃义地杀害迷吾等羌人首领后,羌人非常愤怒,时刻想着为他们报仇雪恨。朝廷十分担忧,许多大臣推举邓训接替张纡出任护羌校尉。

当邓训赶到临羌时,愤怒的羌人已经相互化解了仇恨，交换人质并结成了同盟，集结了4万人马，打算等黄河结冰后大举攻汉。迷唐还与武威地区的羌人组织了一支1万人的骑兵，企图对邓训进行南北夹击。当时，在河湟地区生活着许多小月氏人，是西汉以来陆续从祁连山以南地区迁到这里来的。东汉政府经常征调他们的骑兵与羌人作战，常常能以少胜多，是东汉政府镇压羌人反抗的一支重要力量。迷唐率兵来到临羌附近后，不敢贸然进攻临羌城，于是打起了小月氏人的主意，想用武力强迫他们与羌人一起对付东汉军队。邓训识破迷唐的意图后，立即出面对小月氏人进行保护。他手下的人对此感到不解，认为羌人与小月氏人相互残杀，是"以夷攻夷"，汉军正好可以从中渔利，不应对小月氏人进行保护。邓训反驳道："张纡背信弃义杀害羌人，羌人纷纷起来反叛，朝廷在边境地区驻扎的军队经常在2万人以上，军费开支十分庞大，凉州地区的官员和百姓命悬发丝。从前，小月氏人对朝廷并不忠心耿耿，都是因为恩信不厚。现在，小月氏人面临危难，我们加以援助，或许能为我所用。"于是下令打开临羌城城门和他的住所的院门，将小月氏人的妻儿老小全部接了进来，并派兵保护。迷唐的计谋未能得逞，又不敢进攻临羌城，只得撤兵。邓训保护小月氏人妻儿老小的举动，使小月氏人十分感动,他们说:"东汉官员常常想让我们和羌人互相争斗,现在邓使君恩信待我,开门接纳我们的妻儿老小,就像父母一样。"并向邓训表示:"唯使君之命马首是瞻!"邓训采取措施安抚小月氏人,并在他们中间挑选了几百名年少的勇敢者,组编了一支军队,称为"义从胡"。

小月氏人心悦诚服后,邓训马上对羌人展开了一系列分化瓦解行动。他给一些羌人部落首领赏赐了许多财物,让他们相互劝说,归顺东汉政府。不久,迷唐的叔父号吾带着自己的母亲和800多户部众前来投降。邓训见分化瓦解羌人的行动已经见效,便派遣汉军、义从胡、羌人4000人迅速出击,在写谷(约在今湟源县巴燕庄南)击败迷唐,斩首600多人,缴获牲畜1万多头。迷唐部众离散,退出了大、小榆谷,居住在颇岩谷。第二年春天,迷唐试图返回大、小榆谷,邓训得知后马上调集了6000名士兵,由长史任尚率领,利用皮筏渡过黄河后以迅雷不及掩耳之势向迷唐发起进攻,大获全胜,斩首1800多人,生俘2000多人,缴获马、牛、羊30000多头。迷唐在损失惨重的情况下,离开大、小榆谷向西迁徙到了1000多里以外的地方,原先依附于迷唐的许多羌人部落也纷纷归顺了东汉,河湟地区的局势很快稳定下来。

战事结束后,邓训将此前为了防备羌人征调到河湟地区屯田的士兵调回原地,只留下减刑犯2000多人,一面屯田,一面维修城郭坞堡。在积极发展河湟地区农业生产的同时,邓训还注意帮助羌人改革落后的生活习俗。当时,羌人的文明程度还比较低,按照他们的习俗,人人都以战死沙场为光荣,以病死为耻辱。每当有人生病时,不是想方设法医治,而是拿刀刺自己。因此当邓训听到有羌人生病时,先派人将他的手脚捆绑起来,不让他接近兵刃,然后用药进行治疗。这样治好了不少人,羌人没有不感激的,从此知道了病是可以用药治好的。由于邓训广施恩信,治羌有方,不仅深得羌人的爱戴,在羌人中享有很高的威望,而且边境安宁,百姓安居乐业,在朝中也是有口皆碑。永元二年(90年),执掌朝政的大将军窦宪领兵镇守武威时,认为邓训善于安抚羌胡,请求朝廷派邓训随他一同前去。

永元四年(92年)冬天,邓训因病去世,年仅53岁。噩耗传出,羌人、小月氏人和同僚们都感到非常痛惜,每天前来悼念者有数千人。按照羌人的习俗,父母死了以后,瞧不起流泪哭泣,而是骑在马上唱歌祝贺。但当他们听到邓训的死讯后,无不放声痛哭。有的拿刀割自己,有的拿刀刺自己的犬马牛羊,并十分悲痛地说:"邓使君已死,我们活着还有什么意思!"后来,河湟地区的羌汉人民为了纪念邓训,家家都供奉着他的神龛,一旦生病,就向邓训的神龛祈祷。现在,西宁地区的城隍据说就是这位历史上赫赫有名的护羌校尉邓训。北山寺洞窟据说最早也是为供奉邓训而开凿的。

迷唐率部远迁

邓训死后,东汉政府任命蜀郡太守聂尚为护羌校尉。聂尚见以前的几任护羌校尉采用武力征讨的方法对付羌人,都没有奏效,因而想用恩德来安抚羌人。他派使者去劝说迷唐,让他回到大、小榆谷居住。迷唐返回大、小榆谷后,为试探聂尚的真实意图,就派自己的祖母卑缺去拜见聂尚。聂尚设宴款待卑缺,卑缺回去的时候,还亲自将她送到边境,并派田汜等5名翻译人员将她一直护送到部落中。迷唐误认为聂尚是在离间羌人,因此,联合其他部落的羌人将田汜等人杀害,并用田汜等人的血来起誓结盟,随后发兵进攻金城郡。聂尚无法平息事态,于永元五年(93年)被免职,由居延都尉贯友接任护羌校尉一职。

贯友上任后,认为难以用恩德来安抚迷唐,于是派使者前去离间羌人,并用财物引诱他们,将他们的同盟瓦解。离间计谋得逞后,贯友派兵出击,在大、小榆谷大败迷唐,俘虏800多人,缴获麦子数万斛。随后,又在逢留大河边修筑城堡,建造渡船和浮桥,准备渡河进攻迷唐。迷唐率领部众向西转移,来到了赐支河首(今黄河河源)地区。

永元八年(96年),贯友病逝,汉阳太守史充出任护羌校尉。史充来到临羌后,就马不停蹄地征调河湟地区的羌胡兵去攻打迷唐,不料反被迷唐打败,死伤几百人。永元九年(97年),史充被免职,代郡太守吴祉出任护羌校尉。这年秋天,迷唐率领8000人再次进犯陇西郡,并深入到东汉境内,居住在东汉境内的守塞羌人纷纷起来响应。羌人打败了陇西郡的军队,杀死了大夏(今甘肃广河)长,队伍迅速发展到3万人。东汉政府以代理征西将军刘尚为主帅、越骑校尉赵代为副帅,率领3万精兵前去讨伐。东汉军队到达陇西后兵分两路,刘尚率领一部分人马驻扎在狄道(今甘肃临洮),赵代率领一部分人马驻扎在枹罕(今甘肃临夏)。一切部署完毕后,刘尚派司马寇盱率兵向迷唐发起进攻。迷唐见东汉军队来势凶猛,丢弃老弱病残撤到临洮(今甘肃岷县)以南地区,刘尚率兵紧追不舍。迷唐被东汉军队追得很急，没有喘息的时间，只得回过头来与东汉军队交战，再次遭到失败，率领残部继续逃跑。而东汉军队虽然斩杀了1000多羌人，缴获了1万多头牲畜，但自身的伤亡也十分惨重，再也没有力量追击迷唐，只好撤兵。

永元十年（98年）刘尚、赵代因畏惧羌人、害怕作战、懦弱不前的罪名被逮捕入狱，免去了职务。谒者王信率领刘尚的部下驻扎在枹罕（今甘肃临夏），谒者耿谭率领赵代的部下驻扎在白石（在今甘肃临夏南）。耿谭用财宝引诱和离间羌人，很多羌人前来归附。迷唐见内部涣散，无力再与东汉对抗，也请求投降。耿谭、王信接受了迷唐的请求，撤回了驻扎在边境地区的军队。迷唐的部众不满2000人，饥饿窘迫，投降后被暂时安置在金城郡。不久，汉和帝命令迷唐率领部众返回大、小榆谷。迷唐认为东汉已经在逢留大河建造了桥梁和渡船，可以随时出兵进攻自己，因此，借口部众饥饿、不肯远迁，迟迟不愿意返回大、小榆谷。护羌校尉吴祉给迷唐赠送了许多金银绸缎，催促他返回故地。迷唐的部众既怀疑东汉别有用心，又害怕返回后遭到镇压，因此，于永元十二年（100年）胁迫河湟地区的许多胡人，大肆抢掠了一番后扬长而去。王信、耿谭、吴祉等3人因办事不力被免职，酒泉太守周鲔继任护羌校尉。

永元十三年（101年），迷唐再次率部转移到了赐支河曲。当时，累姐羌归顺了东汉，迷唐非常不满，派兵杀死了累姐羌部落的首领。迷唐的这一霸道举动引起了其他羌人部落的不满，依附他的人越来越少。这年秋天，迷唐又一次率兵进犯东汉边境。护羌校尉周鲔和金城太守侯霸率领从湟中月氏胡、陇西牢姐羌和各郡中征调来的3万人马，在允川（今青海共和盆地）与迷唐展开激战。战斗打响后，周鲔龟缩在兵营中不敢出战，只有侯霸率兵冲锋陷阵，斩首400多人。烧当羌伤亡惨重，部众瓦解，先后有6000多人投降，被分散迁徙到汉阳、安定、陇西3个郡。经过这次大战，烧当羌元气大伤，部众不足1000人，在迷唐的率领下离开赐支河曲向南迁徙，依附于发羌。第二年，周鲔因作战不力被免职，金城太守侯霸出任护羌校尉。

从建初二年至永元十三年（77—101年）的24年中，东汉政府历经多年征讨，先后更换了9任护羌校尉，才将以烧当羌为首的羌人反抗斗争镇压下去。迷唐在反抗斗争失败后不久病逝，他的一个儿子率领几十户部众投降了东汉，西海（今青海湖）和大、小榆谷地区再也看不到羌人活动的踪迹。不久，隃麋县（治所在今陕西千阳东）的官员曹凤上书朝廷，认为自建武年间以来，常常由烧当羌带头起来闹事，之所以这样，是因为烧当羌居住在土地肥美而又接近边境的大、小榆谷地区，南有钟存羌作后援，北有逢留大河可以凭险固守，容易为非作歹，而朝廷难以进行征讨。以往，烧当羌通过经营西海的鱼和盐获得丰厚利润，利用当地优越的自然条件发展农牧业，因而势力强大，在羌人中称雄。现在，烧当羌势力衰落，众叛亲离，四处流窜。朝廷应该及时恢复西海郡，广设屯田，隔绝羌、胡之间联系的通道，遏制羌人作乱的根源。东汉政府采纳了曹凤的建议，并任命他为金城西部都尉，率兵驻扎在龙耆（今海晏县三角城），负责在青海湖环湖地区和大、小榆谷屯田戍守。后来，金城郡长史上官鸿奏准朝廷后在归义（约在今共和县曲沟乡）、建威（约在今共和县和贵德县西部地区）开辟了屯田 27 部（一部由 1000 名左右的屯田士兵或农民组成）。此后，侯霸奏准朝廷后又在东、西邯（在今化隆县境内）开辟了屯田 5 部，在逢留大河地区（今贵德县黄河北岸）增加了屯田 2 部，使东汉在黄河两岸开辟的屯田达到了 34 部。后来，羌人再次起来反抗东汉政府的统治时，这些屯田都先后被废弃了。

三、滇零政权的反抗斗争

滇零北地称帝

永初元年（107年），东汉骑都尉王弘强行征发金城、陇西、汉阳3个郡的羌人骑兵几千人远征西域。当时，居住在这些郡的羌人除了承担国家的各种赋役外，还受地方官员和豪强地主的欺压，处境本来就不好，现在又要被征发到千里之外的西域去打仗，所以怨声载道。被征发的羌人骑兵也担心千里迢迢去西域，人生地不熟，必定是有去无回。因此，当队伍行进到酒泉的时候，许多人乘机逃跑。沿途各郡派兵进行追捕和拦截，有些地方的官员甚至把羌人的村落和房屋都拆毁了。

东汉官员的野蛮做法在羌人中引起了恐慌。当煎羌首领东岸害怕会殃及自己，便率部逃跑。此前随自己的父亲东号一起归顺东汉后被安置在安定郡的烧当羌麻奴、犀苦兄弟二人，也率领部众逃出了边境。张掖郡日勒县（在今甘肃山丹东南）的羌兵在忍无可忍的情况下举行暴动，攻占了许多亭堠，杀死了许多官员。先零羌的一个部落首领滇零，乘机联合钟羌起来响应，阻断了到陇右地区的道路。由于这些羌人归附东汉已经很久，没有兵器盔甲，所以就拿木棒作长矛，拿木板作盾牌，凭借顽强无畏的精神掀起了反对东汉政府残酷统治的起义斗争。同年冬天，东汉政府派遣车骑将军邓骘、征西校尉任尚率领从各郡征调的5万大军前去镇压。

永初二年（108年）春天，钟羌赶在各路东汉军队会合之前，抢先向邓骘发起进攻，歼灭了1000多人。不久，护羌校尉侯霸因羌人反叛而被免职，西域都护段禧继任护羌校尉。同年冬天，征西校尉任尚、从事中郎司马钧率兵在平襄（在今甘肃通渭西北）与滇零率领的羌人起义军展开激战，最后，东汉军队惨遭失败，死伤8000多人。滇零获胜后，为了号召和团结各地的起义羌人，在北地（郡治富平，在今宁夏吴忠西南）自称"天子"，建立了年号，以丁奚城（在北地郡）为都城，册封百官。滇零称帝后，武都、上郡、西河等地的起义羌人纷纷前来投奔，起义队伍迅速壮大。起义羌人在滇零等人的指挥下，四处出击，向东进攻山西等地，向南深入到益州（在今四川广汉北）地区，杀死了汉中太守董炳。东汉政府四面受敌，自顾不暇，只好命令车骑将军邓骘撤兵，征西校尉任尚率兵驻守汉阳（在今甘肃省甘谷县）。

第二年春天，羌人起义军乘胜进军三辅地区，并再次截断了到陇右地区的道路。东汉政府派骑都尉任仁率兵前去救援。但东汉军队以步兵为主,行动缓慢。起义羌人多是骑兵,日行百里,来去如风,行动迅速。因此,东汉军队处处失利,士气低落。羌人起义军四处出击,声势浩大,就在同一年,累姐羌和当煎羌攻破了破羌县,钟羌占领了临洮县,并生俘陇西南部都尉,起义斗争的浪潮迅速蔓延到西北各地。

面对汹涌澎湃的羌人起义,东汉政府束手无策,只得采取防守策略。永初四年(110年),下令任尚率兵撤回长安,并在长安设置了京兆虎牙都尉,在雍州设置了扶风都尉,以防备起义羌人。不久,起义羌人再次进攻汉中郡,汉中太守郑勤不听部下劝阻,领兵出战,最后被杀。同年,由于河湟地区的羌人起义斗争发展得非常迅速,东汉政府将金城郡的治所由允吾迁到了襄武(在今甘肃陇西东南),将护羌校尉的治所由狄道迁到了张掖。段禧病逝后,侯霸第二次出任护羌校尉。

永初五年(111年),起义羌人进攻河东、河内等地,东汉政府急忙派北军中候朱宠率兵驻守孟津,并下令魏郡、中山、常山等郡修筑坞堠600多处,以防备起义羌人。

杜氏兄弟起兵

以滇零为首的羌人起义,在很短的时间内席卷整个西北地区,各地的官吏无心防守,纷纷上书朝廷,请求将这些郡迁往内地。永初五年(111年),东汉政府下令将陇西(治所在今甘肃临洮南)、安定(治所在今甘肃镇原东南)、北地、上郡(治所在今陕西榆林东南)4个郡的治所迁往内地。各郡治所内迁的同时,地方官员还命令当地的汉族百姓一起内迁。百姓留恋故土,不愿离开家园。各郡的官员竟然不择手段,割掉了他们的庄稼,拆毁了他们的房屋,烧毁了他们的财物,强迫大家上路。当时,各地连年大旱,蝗灾不断,百姓原本缺衣少食,现在又被逼仓促内迁,一路上死了大半。在生存无望的情况下,各地百姓纷纷起来反抗,许多人加入了羌人起义队伍。

这年秋天,汉阳人杜琦、杜季贡兄弟和同郡的王信等人联合羌人发动起义,攻占了上邽城(在今甘肃省清水县永清镇李崖村)。杜琦自称"安汉将军",指挥起义军作战。东汉政府惊慌失措,急忙出重金招募刺客刺杀杜琦。不久,杜琦被汉阳太守赵传派来的刺客杜习刺杀,王信在与东汉军队作战时也牺牲了,起义军遭受重大损失。杜季贡孤掌难鸣,投奔了在北地称帝的羌人起义军首领滇零,从此,羌、汉两个民族开始并肩作战,共同反对东汉政府的黑暗统治。

永初六年(112年),起义军首领滇零不幸去世,他的儿子零昌继位做了天子。由于零昌年龄尚小,就以同部落的狼莫为谋士,以杜季贡为将军,率领起义军继续坚持斗争。

滇零政权败亡

元初元年(114年),护羌校尉侯霸病逝,汉阳太守庞参继任护羌校尉。庞参上任后,改变了对起义羌人一味采取镇压的政策,转而用恩信安抚、招降羌人。元初二年(115年)春天,羌人首领号多率领7000多人向庞参投降后,庞参率兵进驻令居,恢复了与河西地区的联系。不久,东汉政府派刺客刺杀了零昌的得力部将吕叔都,起义军遭受重大损失。

元初二年秋天,东汉军队兵分两路进攻零昌。一路由代理征西将军的司马钧率领,指挥右扶风仲光、安定太守杜恢、北地太守盛包等人,一路由护羌校尉庞参率领。庞参率领的7000多人被杜季贡打败后退了回来。司马钧率领的8000多人长驱直入,攻占了滇零政权的都城丁奚城。杜季贡假装逃跑,但在途中设下了埋伏。司马钧命令仲光、杜恢、盛包等人前去收割羌人的庄稼,但仲光、杜恢、盛包等人立功心切,公然违抗司马钧的命令,擅自率领少数军队前去追击杜季贡,结果中了杜季贡的埋伏,全军覆没,仲光、杜恢、盛包3人也全部战死。司马钧怨恨仲光等人不听指挥,擅自行动,因而在他们中伏时没有派兵援助。事后,司马钧畏罪自杀,庞参因战败被下狱治罪,马贤出任护羌校尉。

东汉军队在丁奚城惨遭失败后,怀县县令虞诩向中郎将任尚建议:应该削减各郡的步兵,让各郡出钱买马,然后组织骑兵,以骑兵镇压起义羌人。任尚上奏朝廷后被采纳。从这个时候起,东汉政府开始改变了以往用步兵镇压起义羌人的做法,开始组织骑兵对付起义羌人。就在这一年,任尚派刚刚组建起来的骑兵前去袭击驻守在丁奚城的杜季贡,斩杀了400多人,缴获了几千头牲畜。

元初三年(116年),度辽将军邓遵率领从南匈奴借来的1万骑兵在灵州(在今宁夏灵武北)大败零昌。不久,任尚派兵在丁奚城大败先零羌。秋天,任尚又一次派兵在北地大败零昌,杀死了他的妻子和儿子,缴获了2万多头牲畜。元初四年(117年)春天,任尚采用刺杀的办法,派当煎羌部落的榆鬼等人刺杀了起义军首领杜季贡,事后,榆鬼被册封为羌侯。秋天,任尚继续采用刺杀的办法,招募效功羌部落的号封刺杀了零昌,事后,号封被册封为羌王。冬天,任尚和护羌校尉马贤率兵进攻起义军首领狼莫,双方在北地相持60多天后,狼莫撤往他处,起义军牺牲5000多人,被东汉军队抢去10万多头牲畜。元初五年(118年),度辽将军邓遵招募全无种羌部落的雕何刺杀了狼莫。

杜季贡、零昌、狼莫等人被刺杀后,起义军群龙无首,不久就被东汉军队各个击破,滇零政权最终宣告灭亡。为镇压这次羌人大起义,东汉政府耗时11年,花费了240多亿钱,致使国库空虚,国力衰退,开始走上了覆亡之路。

麻奴兄弟的反抗斗争

滇零政权领导的起义斗争被东汉政府残酷镇压下去后,河湟地区的羌人在麻奴等人的率领下,继续与东汉政府进行了不屈不挠的斗争。

元初六年(119年),勒姐羌和钟羌联合进攻陇西郡安姑县(治所在今甘肃临洮南)。永宁元年(120年)春天,上郡的沈氏羌5000多人再次进攻张掖。

同年夏天，护羌校尉马贤率领1万人马前去镇压，羌人作战失利，牺牲了1800多人，其余的人全部投降。当煎羌部落的首领饥五见马贤率兵在张掖作战，于是乘虚进攻金城。马贤闻讯后急忙率兵返回金城进行镇压。当煎羌作战失利，牺牲了好几千人，最后退出了边境。烧当羌和烧何羌听说马贤率兵返回了金城，马上派兵前去进攻张掖，使马贤疲于应付。

当时，当煎羌部落的另外两个首领芦忽和忍良，率领1000多户部众居住在允街（治所约在今甘肃省兰州市红古区）。建光元年（121年），护羌校尉马贤无缘无故将芦忽杀害，并派兵进攻他们的部众，俘虏了2000多人，抢走了10万多头牲畜。忍良幸免于难，只身逃到了边境外。

烧当羌首领麻奴和弟弟犀苦，见马贤只知一味屠杀羌人，而不知安抚体恤，因此非常怨恨。这年秋天，麻奴、犀苦兄弟二人联合忍良率领3000人进攻河湟地区各县。马贤率领先零羌兵前去镇压，在牧苑这个地方被麻奴等人打败。随后，麻奴、犀苦兄弟率兵在令居打败了武威郡和张掖郡的军队，并沿着祁连山向西挺进，打算乘胜进攻武威。马贤率兵尾追，当他追到鸾鸟（约在今甘肃永昌南）这个地方时，对麻奴、犀苦兄弟率领的羌人进行了招降，先后有几千人投降。麻奴、犀苦兄弟见大势已去，只好率领残部返回河湟地区。延光元年（122年）春天，马贤尾追麻奴、犀苦兄弟到了河湟地区，并大败麻奴。麻奴、犀苦兄弟经马贤的连续打击，孤立无援，疲惫不堪，于同年冬天率领3000多户部众投降了汉阳太守耿种。延光二年（123年），犀苦继兄长麻奴之后做了烧当羌部落的大首领。护羌校尉马贤苦于烧当羌时常起来反抗，因此，借口为了防备烧当羌背叛朝廷，把犀苦扣押起来作为人质。

永建四年（129年），护羌校尉马贤被免职，右扶风韩皓继任。韩皓上任后，为了进一步排挤羌人势力，将东汉政府在河湟地区的屯田从湟水流域扩展到了黄河流域。羌人见屯田一天天逼近了自己的牧地，因此十分惊慌，相互间解仇结盟，加强了防备。不久，张掖太守马续接替韩皓出任护羌校尉。他见羌人对东汉在黄河流域屯田的做法十分敏感，因此，为了安抚羌人，将黄河流域的屯田撤回了湟水流域。羌人这才松了口气，放松了戒备，河湟地区的局势也逐渐趋于平静。

四、东、西羌的联合斗争

再次爆发羌人反抗

永和四年（139年），东汉政府任命马贤担任弘农太守，来机担任并州刺史，刘秉担任凉州刺史。赴任之前，大将军梁商告诉他们，管理羌人事务，没有一成不变的制度，应该因地制宜，保留他们的习俗，忍耐他们的小过错，以预防大的变故。但马贤、来机、刘秉三人是当时有名的酷吏，性格暴躁，为人刻薄。他们到了各自管辖的地方后，横征暴敛，欺压百姓，虐待羌人，不久便激起了羌人的不满和反抗。

永和五年（140年），且冻羌、傅难羌首先发难，聚众攻打金城郡治所。不久，他们与河湟地区的羌人联合进兵三辅地区，沿途杀死了许多地方官员。东汉政府一面将来机、刘秉二人撤职，一面任命马贤为征西将军，负责镇压羌人起义。同时，派骑都尉耿叔率领10万人马驻扎在汉阳（由天水郡改置，治所冀县在今甘肃甘谷），并在汉阳、扶风等地方修建了300多处坞堡，以防备起义羌人。永和六年（141年）春，马贤率领骑兵前去镇压起义羌人时，在姑射山（在今甘肃庆阳北）被羌人起义军打败，马贤本人和他的两个儿子在这场战斗中被打死。东汉军队惨遭失败后，陇山以西的西羌和陇山以东的东羌开始联合起来，发动了更大规模的起义斗争。

同年，巩唐羌部落的3000名骑兵进攻陇西，并长驱直入，到达关中地区，诛杀贪官污吏，烧毁了皇家园陵。与此同时，1000多名罕羌起义军进攻北地郡，8000多名起义军骑兵进攻武威。东汉政府除派中郎将庞浚率兵驻扎在美阳（今陕西武功县）地区，行车骑将军、执金吾张乔率兵驻扎在三辅地区，加强对起义羌人的防御外，又一次将安定郡和北地郡迁徙到内地。

在东、西羌人的起义斗争如火如荼之时，内地的汉族百姓也不断发动起义。东汉政府自顾不暇，因此，对东、西羌人的起义采取了剿抚并用的策略。汉安元年（142年），东汉政府任命赵冲为护羌校尉。赵冲上任后，马上在起义羌人中开展了一系列招降活动，罕羌部落的5000多户羌人投降。第二年夏天，赵冲和汉阳太守张贡率兵进攻继续坚持斗争的烧何羌，杀死1500多人，缴获牛羊18万头。冬天，赵冲再次率兵进攻起义羌人，羌人损失惨重，最后向凉州刺史投降，羌人的反抗斗争被暂时镇压下去。

建康元年（144年），同情羌人的护羌校尉从事马玄率领大批羌人迁往境外。暂时代理护羌校尉职务的卫瑶率兵追击,屠杀了800多人,抢夺了20多万头牲畜。不久,护羌校尉赵冲在率兵追击逃跑的羌人时中伏身亡,汉阳太守张贡继任护羌校尉。武力镇压受挫后,东汉政府转而采用招抚的办法。永嘉元年(145年),离浦、狐奴等部落的5万多户羌人投降,历时6年的羌人起义斗争又一次宣告失败。为镇压这次羌人起义,东汉政府又花费了80多亿钱的巨额军费。

皇甫规威服诸羌

汉桓帝建和二年(148年),白马羌起兵进犯广汉属国,杀死了许多地方官员,西羌和河湟地区的胡人也纷纷起来响应。益州刺史率领板楯蛮士兵前去镇压,先后杀死和招降了20多万人,才将事态平息下去。

永寿元年(155年)秋天,一些南匈奴贵族率兵进犯东汉边境,上郡、安定郡的东羌也举兵响应。当时,安定属国都尉、酒泉人张奂刚刚到任,手下的士兵只有200多人,但当他听说羌人起事的消息后,马上命令士兵准备出征。张奂手下的军官们认为人少势弱,跪在地上争着劝阻他不要贸然出击。张奂毫不畏惧，毅然率兵进驻长城，一面加紧从各地征调部队前来增援，一面派部将王卫前去招降东羌。待后援部队到达后，张奂又马上率兵进占上郡的龟兹县，切断了南匈奴和东羌的联系。东羌各部落首领见大势已去，纷纷投降了张奂，并与汉军一起击败了南匈奴，使边境地区的局势安定下来。东羌各部落首领为感激张奂，派人送去骏马20匹、金镶（像钟的一种古乐器）8枚。张奂全部收下，随后叫来管理财物的官员，当着众多羌人的面承诺：今后不收受羌人的任何财物，马不入厩，金不入怀。以前的几任都尉都嗜财如命，羌人深受其害，十分痛恨。现在，张奂清廉正直，边郡的羌人对他十分敬重。

同年，护羌校尉张贡去世，曾任南阳太守的第五访继任护羌校尉。第五访为政清廉，爱民如子，是东汉时期有名的循吏。他上任后恩威并用，河湟地区局势稳定，百姓安居乐业。

延熹二年（159年），第五访病逝，中郎将段颎继任护羌校尉。段颎，字纪明，武威姑臧（今甘肃武威）人。他从小就喜欢练习武术，崇尚游侠。后来被举为孝廉，先后担任了县令、辽东属国都尉等职务。后来因残酷镇压山东农民起义而被加官晋爵，封为列侯。段颎刚一上任，烧当、烧何、当煎、勒姐等

8个羌人部落就马上联合起来进攻陇西郡和金城郡。段颎急忙率领12000名骑兵出湟谷,与起义羌人大战于罗亭(在今青海省尖扎县境内),杀死了2000多人,俘获了1万多人。第二年春天,起义羌人在烧何羌大首领的率领下袭击张掖,攻占了巨鹿坞,杀死了张掖属国的许多官员,声势非常浩大,段颎率兵前去镇压。有一天早晨,起义羌人突然袭击段颎的兵营,一时间兵营内乱作一团,段颎也下马参加战斗,一直拼杀到中午时,刀也折断了,弓箭也快用完了,羌人这才撤退。段颎稍事休息后,又组织部队马不停蹄地追击羌人,不分昼夜地追了40多天,一直追到了积石山下,斩杀了烧何羌大首领,俘虏5000多人。随后,段颎又率兵打败了石城、白石两地的起义羌人。

西羌的起义斗争虽然被段颎暂时镇压下去了,但到了延熹四年(161年)时,忍无可忍的东羌又一次举兵起义,西羌也乘机起来响应。就在这一年,先零羌人在部落首领零吾的率领下进攻关中地区,上郡和陇西郡的起义羌人也分头进攻并州和凉州。段颎因率领的湟中义从胡中途反叛而被免职,济南相胡闳出任护羌校尉。胡闳昏庸无能,无力安抚羌人,羌人的反抗更加激烈。东汉政府急忙任命皇甫规为中郎将,统帅大军前去镇压。

皇甫规，字威明，安定郡朝那县（在今宁夏固原东南）人，和张奂（字然明）、段颎（字纪明）都是凉州人，而且字中都有一个"明"，所以被当时的人誉为"凉州三明"。由于皇甫规从小就生长在边疆地区，对羌人的情况非常熟悉。早在永和六年，他就毅然上书朝廷，认为羌人经常反叛，都是由于镇守边疆的将领们管理不当引起的，指责镇守边疆的将领们只知贪功冒赏，从不体恤百姓。并且请求领兵出征，没有得到批准。后来，他又多次上书评论朝政，遭到大将军梁冀的迫害，辞官回乡，在家赋闲14年。延熹四年（161年），羌人起义爆发后，59岁的皇甫规再次上书请求出征，得到批准，被任命为中郎将，负责镇压羌人起义。

皇甫规上任后，首先率兵镇压进犯关中地区的先零羌人，打败了他们的首领零吾。先零羌部落的人仰慕皇甫规的威名，相互劝说，前来投降的有10万多人。延熹五年（162年），皇甫规征调先零羌骑兵到陇右地区作战。由于当时道路不通，后勤供应困难，军中暴发疫情，士兵减员达三分之一以上。皇甫规亲自来到兵营探望士兵，士兵们倍受感动，都愿意为他效命。一些参加起义的东羌人见皇甫规治军有方，东汉军队士气旺盛，纷纷前来投降。不久，陇右地区的局势迅速稳定下来,到凉州的道路也很快开通了。

皇甫规来到凉州后,对地方吏治进行了严厉整顿。当时,安定太守孙儁、安定属国都尉李翕等肆意滥杀投降羌人,凉州刺史郭闳、汉阳太守赵熹虽然老弱不堪,但把持官位,不遵守法令。皇甫规上书朝廷,陈述他们的罪状,或将他们免职,或将他们斩首,惩治了一大批祸国殃民的贪官污吏。起义羌人听说后非常高兴,纷纷前来归顺。沈氏羌首领滇昌、饥恬等也率领10多万人向皇甫规投降。

皇甫规虽然清正廉洁,治羌有方,政绩突出。但他上奏朝廷惩办了许多官员,而且痛恨宦官,不巴结和讨好他们,因而遭到了他们的嫉恨。这些人诬陷皇甫规用财物贿赂羌人,让他们投降,将他调离并降职。但是,由于他熟悉羌人情况,善于安抚羌人,东汉政府后来让他担任了护羌校尉这一重要职务。熹平三年(174年),皇甫规由于生病而被召回,不幸在途中去世,享年71岁。

"屠羌校尉"段颎

就在中郎将皇甫规受陷害被调离后不久,鸟吾羌进攻汉阳,滇那也率领五六千人进攻武威、张掖、酒泉等地，西羌也再次掀起了反抗东汉政府残酷统治的大规模斗争。到延熹六年（163年）时，西羌的反抗斗争几乎遍及整个凉州地区。东汉政府急忙撤换了胡闳，再次任命段颎为护羌校尉，率兵进行镇压。

延熹七年（164年）春天，封僇、良多、滇那等300多名羌人首领率领3000多户部众向段颎投降，但转战于河湟地区的累姐羌和当煎羌仍然坚持斗争。同年冬天，段颎率领1万多人打败了累姐羌和当煎羌，杀死了他们的首领，俘虏了4000多人。但累姐羌和当煎羌并没有被段颎的疯狂屠杀所吓倒，反抗反而更加激烈了。延熹八年（165年），段颎在打败了累姐羌后掉过头来进攻当煎羌，不料被当煎羌打败并围困了三天。最后，段颎听从了隐士樊志张的计策，才在夜间突围出来。突围后，段颎又召集人马回过头来再次进攻当煎羌人，大获全胜，俘虏了好几千人。之后，段颎对逃跑的当煎羌人穷追不舍，几乎没有一天不在打仗。永康元年（167年），不甘屈服的当煎羌人再次起来进行反抗，被段颎打败，牺牲了3000多人。经过无数次战斗，在屠杀了23000多人，俘虏了几万人，缴获了800万头牲畜后，护羌校尉段颎终于将西羌的反抗斗争残酷镇压下去。

西羌的反抗斗争被镇压下去后，护羌校尉段颎马上掉过头来对付东羌。当时,度辽将军皇甫规和中郎将张奂建议朝廷恩威并用,对东羌进行招降。汉桓帝下诏征求段颎的意见,段颎上书认为,对羌人采取招降,是坐制强敌,贻误战机;羌人狼子野心,难以用恩德感化他们,唯有长矛挟肋,白刃加颈,才能让他们臣服;现在羌人和匈奴扰乱各地,若不加以诛杀,就会滋生蔓延,不断壮大,到那时国家就永无宁日。并请求汉桓帝拨给他骑兵5000名、步兵1万名、战车3000辆,让他用两三年的时间平定东羌叛乱。汉桓帝采纳了段颎的建议,命他率兵镇压东羌的反抗斗争。

建宁元年(168年)春,段颎率领1万人马,带足了60天的口粮,直扑带头起来反抗的先零羌,与先零羌大战于逢义山。开战前,段颎手下的士兵见先零羌人多势众,心中非常害怕。段颎下令步兵居中,配以长矛强弩,骑兵摆在左右两边,并且激励手下的士兵说:"现在我们离家千里,前进就会成功,后退就会全军覆灭,大家要共同努力,争取功名!"说完之后,大喊着带头冲锋,最后大败先零羌人,斩首8000多人,缴获牲畜28万头。临朝听政的窦太后为了褒奖段颎的战功,任命他为破羌将军,让他继续率兵镇压羌人起义。

同年夏天,当段颎追击羌人到了走马水这个地方时，听说羌人转移到了奢延泽，便马上率领军队日夜兼程，一天一夜行军200多里，长途奔袭，打败了羌人。羌人撤退到落川后，再次集结兵力与东汉军队对峙。段颎兵分三路进攻，再次大败羌人。随后，段颎马不停蹄，继续率兵追击羌人，一直追到了令鲜水，并在灵武谷重创羌人。羌人遭段颎的连续追击，疲惫不堪，退到了汉阳附近的山谷中。这时，中郎将张奂再次上书朝廷，建议招降羌人。段颎则上书朝廷坚决反对，他认为羌人虽然投降，但不久就会反叛，不如乘虚进攻，将他们全部消灭，以"绝其本根，不使能殖"。建宁二年（169年）夏，段颎率兵进攻汉阳地区的羌人，羌人先后在凡亭山、射虎谷进行了顽强抵抗，但最终都遭到失败，前后牺牲2万多人，4000多人投降。至此，历时30多年的东、西羌人的联合起义斗争就被东汉政府残酷镇压下去。

护羌校尉段颎在镇压起义羌人的过程中，前后作战180多次，残杀羌人38600多人，掳获牲畜427000多头。由于镇压羌人起义有功，段颎被封为新丰县侯，赐予食邑1万户。段颎对起义羌人的残酷屠杀，虽然使摇摇欲坠的东汉王朝赢得了短暂的安定，但屠杀激起了更加激烈的反抗。不久，东汉王朝即被淹没在各族人民大起义的洪流当中。

段颎残酷屠杀羌人的暴行,遭到了后代史学家们的严厉批评。北宋史学家司马光在他主持编写的《资治通鉴》一书中认为,蛮夷戎狄等四方的少数民族,风俗礼仪虽不同于中原,但在乐生恶死、就利避害这一点上,与中原地区的人相同。如果将他们看作草木禽兽,不分好坏地统统加以诛杀,是违背天意的。并且指出,段颎虽然打了很多胜仗,但君子是不会赞同的。此外,段颎所谓的"羌人狼子野心,唯当长矛挟胁,白刃加颈",实际上是视羌人为异类,要对其进行血腥的武力屠杀;而他"绝其本根,不使能殖"的主张,更是要对羌人实行赤裸裸的种族灭绝政策,是极其残酷和不人道的。这与此前以恩德安抚、善待羌人,赢得羌人爱戴的赵充国、邓训、第五访等人形成了鲜明的对照,也为我们提供了正反两方面的教材,发人深思。

五、北宫伯玉、李文侯领导的起义斗争

北宫伯玉首举义旗

汉灵帝中平元年(184年)二月,中原地区爆发

了轰轰烈烈的黄巾大起义。同年十二月，河湟地区的羌人、义从胡和北地郡的先零羌联合枹罕（今甘肃临夏）、河关（治所在今甘肃省积石山县大河家）等地的汉族人民一道起来响应。他们推举湟中义从胡北宫伯玉、李文侯为将军，攻破了护羌校尉的大营，杀死了护羌校尉泠徵，又一次掀起反抗东汉政府黑暗统治的斗争。为了壮大起义军队伍，北宫伯玉、李文侯劫持了颇有谋略的金城人韩遂、边章，让他们协助指挥起义军作战。

韩遂原名叫韩约，曾担任过金城郡从事这一职务，在陇右地区有很高的声望。边章原名叫边允，是韩遂的同乡。他二人曾结伴到京城，向朝中大臣游说，请求诛杀宦官，没有被采纳，最后返回了金城。韩遂、边章参加起义军后，使起义军的领导力量得到了加强。不久，起义军攻占了金城，杀死了金城太守陈懿，声势大振。第二年（185年）春天，起义军乘胜进军三辅地区。他们针对当时宦官专权、政治黑暗的实际情况，提出了"诛杀宦官"的口号，得到了沿途各族人民的支持和拥护。东汉政府中的许多下级官员也加入了起义队伍，他们熟悉各郡县的山川形势，精通行军作战，使起义军的战斗力大大增强。

东汉政府见起义军来势凶猛，急忙派左车骑将军皇甫嵩、中郎将董卓率兵前去镇压。起义军在北宫伯玉、韩遂、边章等人的率领下，多次击败东汉军队。东汉政府见皇甫嵩久久不能取胜，便将他免职，改派车骑将军张温、破虏将军董卓、荡寇将军周慎率领10万官兵，驻扎在美阳（今陕西武功），对付起义军。不久，起义军在北宫伯玉、韩遂、边章等人的率领下进军美阳，与张温等人率领的东汉军队对峙。十一月的一天夜晚，一颗巨大的流星从起义军营地上空划过，将起义军的营地照得如同白天一样，营地内的战马受到惊吓后叫个不停。起义军首领北宫伯玉、韩遂、边章等人认为这是不祥之兆，打算暂时撤回金城。破虏将军董卓听到这个消息后十分高兴，马上率兵进攻起义军。起义军作战失利，牺牲了好几千人，在韩遂、边章的率领下一直撤到了榆中（今甘肃榆中）。车骑将军张温派周慎率领3万人前去追击韩遂、边章，派董卓率领3万人进攻先零羌。由于骄傲轻敌，这两路东汉军队都大败而回。起义军反败为胜，势力恢复并壮大起来。

韩遂马腾变节

中平四年（187年），正当起义军日益壮大之际，起义军内部因首领们相互之间争权夺利而发生了分裂。握有实权的韩遂发动兵变,杀死了北宫伯玉、李文侯及边章,自己做了首领,并率兵10万进攻陇西。陇西太守李相如见东汉王朝大势已去,率兵归顺了韩遂,与韩遂一起杀死了凉州刺史耿鄙。耿鄙手下的司马马腾是名将马援的后人,由于他的母亲是一位羌人女子,因此,他在陇右地区的羌人中有一定的威望。他见天下大乱,起义军声势浩大,也率兵响应。汉阳人王国也发动了起义,自称"合众将军",与韩遂率领的起义军汇合在一起。为了统一号令,韩遂等人推举王国为统帅,指挥各路起义军作战。

中平五年(188年),起义军在王国的率领下围攻陈仓(在今陕西宝鸡东),围攻了80多天都没有攻破,最后被皇甫嵩、董卓率领的东汉军队打败,起义军内部再次发生了内讧。韩遂等人废掉王国,劫持了曾担任过信都县令的阎忠,让他统帅各路起义军。阎忠宁死不从,忧郁而死。此后,起义军首领争权夺利,相互杀害,韩遂、马腾等人拥兵自重,各自为战,起义军四分五裂,势力大不如前。

汉献帝初年,董卓趁外戚和宦官争权夺利之际,率兵进入洛阳,控制了朝政。为了解除后顾之忧,他派人招降韩遂、马腾,并劝说二人与他共图天下。

初平三年(192年),被董卓的花言巧语打动了的韩遂、马腾,抱着争霸天下的雄心壮志,率兵东进长安,投入了董卓的怀抱。不料,他们刚到长安后不久,董卓就死于政变之中,董卓的部将李傕执掌了朝政。韩遂、马腾见风使舵,马上又归顺了李傕。李傕奏请汉献帝册封韩遂为镇西将军,镇守金城;册封马腾为征西将军,率兵驻扎在郿县(治所在今陕西眉县东)。羌、汉各族人民的起义斗争虽然给东汉统治者以沉重打击,加速了东汉王朝的灭亡,但由于起义军首领韩遂、马腾的变节投降,使这次起义斗争最终失败。

兴平元年(194年),马腾与李傕发生矛盾,马腾恼怒之下准备率兵攻打李傕。韩遂知道后前来劝解,但他很快发现李傕才能平庸,不足以成就大事,转而与马腾联合,共同对付李傕。谏议大夫种劭等人密谋诛杀李傕,便和韩遂、马腾秘密约定,让他们二人率兵进入长安,里应外合消灭李傕。但不料事情败露,李傕派兵袭击韩遂、马腾,二人仓皇退回凉州。李傕见自己一时无法彻底消灭韩遂和马腾,就改用安抚措施,赦免了韩遂、马腾之"罪",并册封韩遂为安降将军,马腾为安狄将军。韩遂、马腾为了壮大自己的势力,结拜为异姓兄弟,互相支援,攻城略地,逐渐演变成了割据一方的封建军阀。后来,韩遂、马腾因为部下相互争斗而产生矛盾，以至于兵戎相见，混战不已。直到建安初年，二人才握手言和，重归于好。

韩遂西平避难

建安七年（202年），致力于统一北方地区的曹操为了解除后顾之忧，上书汉献帝册封马腾为前将军，韩遂为征西将军，对他们加以笼络。后来，为了削弱马腾和韩遂的割据势力，曹操派人劝说马腾离开部队来到京城，册封他为槐里侯，并任命他的儿子马超为偏将军，继续统领他的部众。

建安十六年（211年），曹操借口征讨关中地区的张鲁，派兵西进，企图逼迫韩遂和马超造反，然后名正言顺地加以消灭。韩遂和马超为了反击曹操，马上联合陇右地区的其他一些割据军阀，拼凑了一支10万人的联军，占据潼关，与曹操相抗衡。双方开战后，曹军步步推进，韩、马联军接连失利。后来，马超派人向曹操求和，曹操表面上答应下来，暗地里却施展计谋离间韩遂和马超二人。有一次，当韩遂在阵前与曹操见面时，曹操只谈过去在京城与韩遂共事时的往事，闭口不提作战的事，而且时不时地拊掌大笑。韩遂回营后，马超问曹操说了些什么，韩遂如实相告，马超半信半疑。稍后，曹操派人给韩遂送来了一封信，使马超对韩遂更加怀疑。第二天，曹操趁韩遂、马超相互猜疑之际发起进攻，大败韩、马联军，韩遂、马超仓皇退回凉州。

马超退回凉州后，凭借其父亲在这一地区的威望和羌人的拥戴，很快重整旗鼓，东山再起，重新占据了陇右的大部分地区，自称征西将军。不久，马超再次被曹操击败，前往汉中投降了张鲁，后来又归顺了刘备。韩遂兵败后先来到了羌人地区，随后又来到西平（今西宁市）投奔地方名士郭宪。当时，西平郡中许多贪图名利的人想杀掉韩遂后向曹操邀功请赏，郭宪知道后非常气愤，高声斥责他们道："人家走投无路时来投奔我们，我们怎么能背信弃义，谋害他的性命呢？"阻止了他们的不义图谋，并且盛情款待韩遂，使韩遂感动不已。

建安十九年（214年），韩遂招集羌人旧部数万人，派人与百顷氏王千万取得联系，并联合兴国氏，屯兵显亲（今甘肃天水），再次与曹操相抗衡。曹操大将夏侯渊率兵袭击韩遂，韩遂退守略阳城（在今甘肃天水东南）。当时，曹军将领中有人认为应该乘胜进攻韩遂，有人认为应该进攻兴国氏。夏侯渊却认为，韩遂兵强马壮，兴国氐的城池十分坚固，二者都不宜强攻，不如偷袭长离羌人的住地。韩遂的部下大多数是长离羌，一旦开战，韩遂必定前来救援，我军可乘机将其打败。果然，当韩遂听说曹军袭击长离羌住地时，马上率兵赶去救援。曹军的许多将领见韩遂人多势众，想安营扎寨并挖掘深壕进行防守，夏侯渊却说，取胜就在今日，遂指挥士兵迎战，结果大败韩遂。百倾氐王千万前去投奔马超，韩遂再次逃往西平（今西宁市）避难。夏侯渊乘胜追击，消灭了在枹罕（今甘肃临夏）称王的宋建，另外派大将张郃率兵攻占河关（治所在今甘肃省积石山县大河家），并渡过黄河进入河湟地区。河湟地区的羌人望风归附，青海东部地区开始纳入了曹操的势力范围。

建安二十年（215年），70多岁高龄的韩遂在西平病逝，镇守西平郡的麹演、蒋石、阳逵等人将韩遂的首级献给了曹操。由羌人起义军首领演变为地方封建军阀的韩遂，虽然纵横陇右地区30多年，但未能顺应国家统一的时代潮流，最终功败垂成，令人惋惜。

魏晋南北朝时期羌人的迁徙与融合

一、魏蜀政权对羌人的争夺

曹魏初定河湟

公元220年,曹操的长子曹丕废掉汉献帝后自己做了皇帝,改国号为魏,建都洛阳,史称"曹魏"。不久,刘备、孙权也先后称帝,建立了蜀(汉)国和吴国,中国历史进入了魏、蜀、吴三国鼎立的分裂时期。

魏、蜀、吴三国为了扩充自己的地盘和势力,都竭尽全力向周边少数民族地区开疆拓土。为了获得兵源和劳力,纷纷招诱和强制边境地区的羌人内迁。羌、胡人聚居的凉州地区,土地肥沃,物产丰富,民风剽悍,地理上连接魏、蜀两国,不仅在军事上具有非常重要的战略地位,也是争霸战争理想的人力物力补给地。曹魏在打败韩遂、马超等凉州地方割据势力后虽然控制了这一地区，但是这里的地方豪强势力和羌人时常起来反抗曹魏的统治，这一地区的局势一直动荡不定。

魏黄初元年（220年），刚刚继任魏王的曹丕任命邹岐为凉州刺史。西平郡的麴演在凉州很有威望，他联络了其他郡的一些地方豪强，共同抵制邹岐。张掖郡的张进和酒泉郡的黄华分别扣押了两个郡的太守后自称太守，起兵响应麴演，武威郡的胡人也乘机发动了叛乱。武威太守向金城太守苏则求救。金城郡的官员认为叛军势力正盛，应等待朝廷派大军前来征讨。苏则却认为，叛军的势力表面上虽然很强盛，但他们中间有许多人是被迫参加的，如果现在马上派兵进行征讨，必然会在很短的时间内土崩瓦解。如果等待援军，必然会贻误战机。于是，苏则当机立断，率兵前去救援，很快就平定了武威郡胡人的叛乱。随后，他又迅速进兵张掖。麴演闻讯后，急忙率领3000人从西平赶到河西，表面上声称要援助苏则，实际上是想乘机捣乱。苏则当机立断，设计将麴演诱杀，然后率兵攻破张掖，诛杀了张进。黄华孤掌难鸣，只好投降。由于长期战乱的破坏，管辖青海东部部分地区的金城郡，人口流散、百姓饥饿、城乡萧条。苏则积极采取措施招徕流民，发展生产。

此外,他还派人招徕战乱期间逃到边境外的羌人返回郡中,并帮助他们开展生产,重建家园。

魏黄初二年(221年),凉州卢水胡发动叛乱,魏文帝曹丕召回了邹岐,改派张既为凉州刺史。张既善于用兵,没用多长时间就迅速平定了卢水胡的叛乱。不久,酒泉郡的苏衡又起来叛乱,羌人首领邻戴和丁令胡也乘机进犯凉州地区。张既率兵前去征讨,很快就打败了进犯边境的羌人,稳定了局势。为了防御境外羌、胡的袭扰,张既在各地修筑了许多烽堠亭障。羌人见无机可乘,先后有两万多户前来投降。

同年,西平郡地方豪强麹光杀死太守后起兵反叛。张既的部将建议发兵征讨,张既认真分析了当时的形势后认为,麹光起兵造反,郡中的人未必都响应,若现在兵临城下,官员、百姓、羌人和胡人都会认为国家不辨是非,不分好坏,反而会将他们推向叛军一方。麹光本想利用羌人和胡人作为自己的后援,如果我们重赏羌人和胡人,瓦解他们的同盟,叛乱就会不战而定。于是,他派人通知各羌人部落,受麹光的蒙骗而参加叛乱的人,一律不予追究,能杀死叛军首领的人,重重有赏。不久,麹光果然被部下杀死,叛乱迅速被平定。魏明帝太和元年(227年),西平郡的地方豪强麹英杀死了临羌县令和西都县长后起兵反叛。魏国派将军郝昭、鹿盘率兵前去讨伐,斩杀了麹英。

魏明帝太和二年（228年）,魏国任命徐邈为凉州刺史、使持节,领护羌校尉。徐邈字景山,燕国蓟县（今北京市附近）人。早年历任丞相军谋掾、奉高县令、尚书郎、陇西太守等职。曹丕称帝后,任谯国相、安平太守、颍川典农中郎将等职。每担任一个职务,都政绩卓著,被赐爵关内侯,升任抚军大将军军师。徐邈出任凉州刺史后,正赶上蜀国诸葛亮率兵出祁山,陇右三郡相继反叛。他派遣参军以及金城太守等部攻打南安叛军,取得胜利,及时稳定了局面。当时,河右地区少雨,地方官员和百姓们常因无粮苦恼。徐邈上书请求修缮武威、酒泉盐池,用以收藏敌人的粮食,又开凿水渠,招募贫民租种土地,大力发展农业生产,使得家家丰足,仓库盈满。此外,他积极兴办教育,宣讲仁义,改革陋风陋习,禁止丰厚的葬礼,限制过度的祭祀,扬善惩恶,社会风尚也大为改观,百姓心悦诚服。

在管理羌人方面,徐邈宽严相济,对于羌人的小过失不予追究,若羌人犯了死罪,先将情况告知所在部落的首领,让他们知道为什么要判死刑,然后斩首以示众。凡是朝廷赏赐给他的东西,他都分给将士,从不拿回自家。自己的妻子儿女却常常衣食不足、生活拮据。魏主曹叡得知后,很是赞赏,常给他家里提供衣食等物。由于徐邈为官清廉、管理有方,因此深得百姓信服和敬畏,包括河湟地区在内的凉州,州界肃靖,民心安定,秩序井然。

魏蜀凉州之争

魏国控制西北地区的凉州后不久,蜀国为了夺得这一战略要地,也任命了自己的凉州刺史,并多次派兵进入这一地区,与魏国在这里展开了旷日持久的争夺战。

魏太和四年(蜀建兴八年,230年),蜀国丞相诸葛亮率兵北伐时,蜀国任命的凉州刺史魏延率兵进入今甘肃甘南和青海黄南地区,打败了魏国后将军费瑶、雍州刺史郭淮率领的魏军,有力策应了诸葛亮的北伐行动。魏景初二年(蜀延熙元年,238年),烧当羌王芒中、注诣起兵反魏,魏凉州刺史、护羌校尉徐邈派兵进行镇压,诛杀了注诣。魏正始元年(蜀延熙三年,240年),蜀国大将姜维率兵进入陇西郡(治所在今甘肃临洮),当地的迷当羌起兵响应,魏雍州刺史郭淮率兵迎战。由于姜维兵少势单,不久就退回了蜀国。郭淮乘胜率兵讨伐迷当羌，稳住了局势。此后，姜维多次率兵进入魏国的凉州、雍州境内，想引诱羌人和胡人作为后援，夺取凉州地区，但受朝中权臣的牵制，每次出征时率领的军队都超不过1万人，因此，在与魏军的交锋中经常处于劣势，占不到任何便宜。

魏正始八年（蜀延熙十年，247年），陇西、南安、金城、西平等几个郡的羌人，在饿何、烧戈、伐同、蛾遮塞等人的率领下联合起来反叛魏国，并派人从蜀国搬来援兵。此外，凉州的卢水胡首领治无戴也起兵响应。郭淮与讨蜀护军夏侯霸首先在为翅（在今甘肃甘南一带）击退了姜维率领的前来援助羌人的蜀军，然后集中力量讨伐羌人，斩杀了饿何、烧戈二人，招降了1万多户羌人。第二年，蛾遮塞率兵驻扎在河关和白土故城（今青海民和官厅鲍家城），凭借黄河天险抗拒魏军。郭淮采用声东击西的策略，先在上游河段虚张声势，扬言要渡河，然后暗中派人在下游河段悄悄渡过黄河，出其不意地攻占了白土故城，随后率兵直奔河关，大败羌人。

就在郭淮与羌人在河关地区激战时，卢水胡首领治无戴率兵围攻河西走廊地区的武威，他的家属和许多辎重却留在了龙夷城（今海晏县三角城）。郭淮打败羌人后率兵直趋龙夷城,恰好治无戴率兵从凉州返回,双方大战于龙夷城北,治无戴战败。就在此时,蜀将姜维率兵再次进入凉州境内,沿途不断接应战败逃散的羌人和胡人。走投无路的治无戴也率部归顺了姜维,后来被迁移安置到了蜀中。

魏嘉平六年(蜀延熙十七年,254年),蜀将姜维再次率兵进入凉州境内,接连大败魏军,攻下了魏国的河关、狄道、临洮3个县,并强行将这3个县的羌、汉百姓迁徙到了蜀国境内。此后,蜀国内部矛盾重重,再也没有力量与魏国争夺凉州地区,魏国在凉州及河湟地区的统治进一步巩固和稳定下来。

二、马隆平羌

西晋秦凉之变

东汉以来,羌人向内地的迁徙活动从来没有停止过。到西晋统一全国时,西北地区的每个郡县几乎都有羌人居住,甚至被中原王朝视为心腹之地的关中,将近有一半的居民是羌人和胡人。这些内迁的羌人,与当地的汉族百姓杂居,许多还保留着很原始的部落组织,他们的首领有的还担任政府官职,接受封号。西晋统治者虽然采取了许多行之有效的措施,加强了对羌人的管理,但在传统的"内中华外夷狄"观念的支配下,他们往往以华夏正统自居,歧视和压迫羌人。凉州地区的许多汉族官吏和豪强地主,更是将羌人当作重要的剥削对象,横征暴敛,巧取豪夺,大肆搜刮。一些地方官员还以欺压、屠杀羌人为能事,动不动就利用对羌人发动战争的机会,掳掠妇女和老弱者为奴隶,使羌人的生活处境十分艰难,于是,羌人联合西北地区其他少数民族不断掀起反抗西晋黑暗统治的斗争。

晋泰始四年至五年(268—269年)间,河西、陇西地区连年大旱,当地民众缺衣少食、嗷嗷待救。而秦州刺史胡烈到任后,采取高压手段处理问题,先屯兵于高平川(今宁夏固原清水河流域),后又派兵进占麦田一带(今甘肃、宁夏两省区的靖远、中卫两县市交界地区)的河西鲜卑聚居地,加剧了灾区难民的痛苦。在胡烈的暴政之下,河西鲜卑首领秃发树机能于泰始六年(270年)率部进行反抗。胡烈于泰始六年率军征讨,与秃发树机能战于万斛堆,兵败身死,胡烈死后,树机能军队士气大振,率部一举攻下高平。此后,秃发树机能先后击败前来讨伐的刘旂、石鉴等西晋将领,并联合了氐、羌、匈奴等部落共同反晋,相互策应,并肩战斗,使西晋王朝丧城失地,史称"秦凉之变"。

泰始七年(271年),秃发树机能联合北地胡任攻打金城并杀死凉州刺史牵弘。后又在金山(今甘肃省山丹县南)杀死继任的凉州刺史苏愉。至咸宁元年(275年),秃发鲜卑的势力由凉州金城郡(治榆中县,今甘肃省榆中县西北黄河南岸)西北更向西发展,高昌以东的一些鲜卑部落也起而反抗晋朝统治。咸宁三年(277年)秃发树机能被西晋大将文鸯击败,鲜卑秃发部实力大损。

晋武帝咸宁五年(279年),凉州刺史杨欣不能善待当地的羌人和胡人,引起了羌人和胡人的不满。秃发树机能乘机联合凉州的羌人和胡人起来反抗西晋的统治。他们杀死了凉州刺史杨欣,攻占了武威,截断了西晋与河西走廊地区的联系。

马隆毛遂自荐

就在秃发树机能率领凉州各族百姓起兵反抗西晋暴政,纵横西北之时,晋武帝司马炎正致力于消灭南方孙吴政权的统一战争,抽不出更多的力量来对付西北地区各少数民族的反抗斗争,临朝时在大臣面前非常忧虑地说:"谁能为我讨伐这些羌胡,恢复朝廷与凉州的联系呢?"大臣们没有一个人敢接受这一任务。有一次,官职不高的司马督马隆毛遂自荐,上前对晋武帝说:"陛下若能任用我,我一定能完成任务,平定叛乱。"晋武帝非常高兴,马上任命他为武威太守,让他率兵收复凉州。

马隆,字孝兴,泰山郡奉高县(今山东省泰安市岱岳区范镇故县村)人,很小的时候就非常聪明,爱好名节,志向远大。曹魏时期,起初是兖州的一名武官。嘉平三年(251年),太尉王凌不满司马懿专擅朝政发动叛乱失败后,过世二年的同谋令狐愚仍然被开棺曝尸三日,整个兖州都没有人敢于收葬。马隆自称令狐愚的门客,领回令狐愚的遗骸,用私财为他殓葬,并在墓地侧列植松树和柏树,甚至为他服丧三年,成为当时全兖州的美谈。西晋泰始年间,朝廷打算征伐东吴,下诏州郡举荐人才,兖州官员就举荐马隆,说他的才能可以担任杰出的将领,后来渐次迁任为司马督。马隆接受收复凉州的重任后,进行了精心准备。他亲自招募士兵,要求入选的士兵能拉开36钧(每钧30斤,合1080斤)的弩和4钧(合120斤)的弓,一天时间就招募了3500人。随后,他又在武器库中挑选了许多精良的武器，带足了3年的军费，毅然向西进发。

秃发树机能见西晋派来了一个无名之辈，而且手下的士兵也只有3500人，因此，根本没有将马隆率领的晋军放在心上。他将手下的军队分成好几支，派到好几个地方进行防守，企图步步设防，阻止晋军前进。马隆利用秃发树机能兵力分散，行动不一致的缺点，集中兵力，步步为营，稳扎稳打。他依据八阵图制作的偏箱车，在作战中发挥了巨大的威力。在他的指挥下，晋军以少胜多，很快就打败了树机能，向武威逼近。晋武帝自从马隆西去后音讯断绝，时常为他担忧，有的人说他们已经战死了。后来马隆的使者夜里到了，晋武帝拍着手高兴地笑了。清晨，晋武帝召集群臣对他们说："假如听从了诸位的意见，就没有凉州了。"于是下令赐给马隆符节，并下诏册封马隆为宣威将军。马隆率兵到达武威后，招降了许多羌人部落，并依靠他们的支持打败并杀死了秃发树机能，平定了凉州，结束了历时九年的"秦凉之变"。

持节镇守西平

晋武帝太康元年（280年）七月，羌人首领轲成泥率兵进攻西平、浩门，杀死了300多名晋军。西晋政府考虑到河湟地区的羌人多次反叛，西平郡的形势动荡不安，就任命马隆为平虏护军、西平太守，增派了一些军队，加上原先招募的军队，由马隆统一率领，前去镇守西平。

马隆来西平前，黄河以南的成奚羌经常骚扰西晋的边境。马隆到达西平后，马上率兵对成奚羌进行征讨。但成奚羌占据有利地形进行顽抗，晋军进攻了多次都无法取胜。马隆见强攻不成，立即改用智取。他命令士兵们带上农具下地干活，做出要屯田的样子。成奚羌见晋军没有进攻的意思，时间一长，就慢慢放松了戒备。马隆趁成奚羌防备松弛时，突然发起猛攻，大获全胜。在马隆镇守西平的10多年中，境外的羌人再也不敢进犯西晋的边境，河湟地区社会稳定，经济发展，人民安居乐业。

晋武帝太熙元年（290年），马隆因功封奉高县侯，加授东羌校尉，负责管理内地郡县的羌人。由于他治理有方，羌人和氐人很少起来叛乱。后来，执掌朝政的外戚杨骏借口马隆年事已高，将他调回。马隆走后，羌人和氐人再次准备发动叛乱。西晋政府又急忙派马隆继续担任这一职务，一直到他病逝。

在西晋统治羌人的过程中，虽然出现了像马隆这样一些有能力、有作为的良吏，但在西晋统治者强调华夷之辨、华夷有别，极力推行民族歧视与民族压迫政策大背景下，广大羌人的处境仍然十分悲惨，羌人与西晋之间的矛盾非常尖锐，羌人不断掀起反抗西晋统治的斗争，加速了西晋王朝的灭亡。

三、西北割据政权对羌人的统治

前凉、后凉和西秦对羌人的争夺与统治

公元316年，西晋王朝灭亡后，我国北方地区陷入了长期的分裂割据状态之中，即历史上所说的"五胡十六国"时期。这时，在少数民族聚居的西北地区也先后出现了前凉、后凉、西秦、南凉、北凉等多个地方割据政权。这些地方割据政权存在的时间虽然很短，但彼此间征战不休。生活在这一地区的羌人，不仅深受颠沛流离的战乱之苦，还经常成为各个地方割据政权争夺和奴役的对象。

前凉是十六国中唯一由汉族建立的地方政权，也是西北地区几个地方割据政权中建立最早、存在时间最长的一个。前凉政权的建立者是西晋护羌校尉、凉州刺史张轨。张轨死后，经过他的儿子张寔、张茂的多年经营，到他孙子张骏在位时，前凉的国力达到了鼎盛时期。为了加强对羌人的统治，前凉在羌人集中居住的洮河地区设立了五屯护军。这5个屯分别是武街（今甘肃成县）、石门（今甘肃迭部）、侯和（今甘肃临潭）、漒川（在今甘肃南西倾山东北一带）、甘松（在今四川松潘北）。公元376年，前秦消灭前凉后控制了凉州地区，并任命梁熙为凉州刺史、护羌校尉。梁熙虽然是一介文弱书生，但是很有管理才能，在他担任凉州刺史的十多年中，把凉州地区治理得井井有条。

前秦灭亡后，甘、青地区又先后出现了两个地方割据政权。一个是鲜卑乞伏部大首领乞伏国仁于385年建立的西秦；一个是前秦大将吕光于389年建立的后凉。这两个割据政权为了扩大自己的势力和地盘，在羌人地区展开了激烈争夺。

西秦政权建立后，马上对甘、青地区的羌人进行了大量的招徕和安抚活动。西秦太初二年（389年），羌人首领独如率领7000多人投降了西秦。此后，羌人首领彭奚念、莫者羖羝、莫者阿胡等也都相继归顺了西秦，在西秦政权中担任重要官职。西秦太初四年（391年），羌人首领彭奚念率兵占领了后凉的领地白土（治所在今青海省民和县官厅镇鲍家村北官厅古城）。第二年，后凉王吕光派出两路大军进行反击。一路由他的弟弟右将军吕宝率领，进攻据守金城（今甘肃兰州）的乞伏国仁的儿子乞伏乾归，另一路由吕纂率领，进攻彭奚念，但这两路军队都大败而归。吕光大怒，亲自率兵讨伐乞伏乾归和彭奚念，并派吕纂率兵进驻左南（治所在今甘肃永靖境内）进行策应。彭奚念见后凉军来势凶猛，心中也不免有些胆怯。他在白土津修筑了一条石堤后，放水阻止后凉军前进。此外，派精兵1万把守黄河渡口。吕光派兵在渡口上游悄悄渡过黄河，迅速攻占了枹罕（今甘肃临夏），对彭奚念形成包围之势。彭奚念腹背受敌，只身突围后逃到了甘松（在今四川松潘北）。

后凉咸宁二年（400年），乞伏乾归被后秦打败后投降了在青海立国的南凉。9年后，乞伏乾归重新恢复了西秦。西秦复国后，为了巩固自己的统治，乞伏乾归多次派兵镇压羌人的反抗斗争。西秦更始三年（411年），漒川羌人首领彭利发率兵占领枹罕，与西秦相抗衡。乞伏乾归率领3万人马亲自前去征讨，打败并杀死了彭利发，占领了枹罕，招降了13000多户羌人，并且将西秦的都城从金城迁到了这里。西秦永康四年（415年），乞伏炽磐派兵讨伐赤水羌首领弥姐康薄,弥姐康薄战败后投降了西秦。西秦永康七年(418年),乞伏炽磐再次派兵到漒川讨伐羌人首领彭利和,俘虏了彭利和的妻子和儿子,并且把当地的3000多户羌人迁徙到了枹罕。到西秦灭亡时,漒川、甘松等地的羌人从未停止过反抗西秦统治的斗争,西秦也没有完全控制这些地区的羌人。

南凉击杀梁饥

东晋隆安元年(397年),河西鲜卑秃发部首领秃发树机能的后裔秃发乌孤在廉川堡(今青海民和史纳古城)建立了南凉政权。南凉政权建立后,利用后凉与西秦交战的机会,从后凉手中夺取了金城。后凉派大将窦苟率兵讨伐南凉,在街亭(约在今甘肃天祝)被南凉打败,南凉又乘胜夺取了后凉的许多领地,势力大大增强。

东晋隆安二年(398年),吕光手下的大将杨轨、王乞基反叛失败后,打算前去投奔南凉王秃发乌孤,但在前去投奔秃发乌孤的途中,遭到羌人首领梁饥的袭击,损失惨重,仓皇逃到西海(今青海湖),抢占了乙弗鲜卑的牧地居住下来。梁饥袭击杨轨、王乞基得手后,信心大增,乘胜进攻后凉的西平郡(治所在今西宁），后凉西平太守郭偍率兵坚守。西平豪强田玄明见有机可乘，软禁了郭偍，并取而代之，自己当了西平太守，继续率兵守卫西平城。为了击退羌人的围攻，田玄明派儿子到南凉做人质，请求南凉出兵援助。南凉王秃发乌孤本想派兵救援，但多数大臣认为梁饥兵强马壮，出兵援助田玄明凶多吉少，因而反对出兵。就在秃发乌孤犹豫不决时，左司马赵振力排众议，认为这是攻取洪池岭（在今甘肃武威南）以南地区的大好时机，倘若羌人占领西平，反而对我不利，劝说秃发乌孤出兵。秃发乌孤听后大喜，毅然决定派兵救援，并且对大臣们说："梁饥若夺得西平城，保山据河，就很难被制服。梁饥虽然骁勇善战，但他的部队号令不一，战斗力不是很强，很容易被击败。"在西平守军和南凉援兵的联合攻击下，梁饥大败，西平化险为夷。

梁饥进攻西平失利后退守龙支堡（在今青海化隆境内），秃发乌孤为了不给梁饥以喘息之机，马上率兵进攻龙支堡，并很快就攻占了该堡。梁饥单骑突围，逃到了浇河。这次战斗中，秃发乌孤杀死和俘获了好几万羌人，声威大振。后凉的乐都郡（管辖今乐都区）太守田瑶、湟河郡（管辖今化隆县及其以西地区）太守张褵、浇河郡（管辖今贵德县及尖扎县部分地区）太守王稚都投降了秃发乌孤，洪池岭以南的几万户羌人和胡人也先后归顺了南凉，青海东部地区的众多羌人部落开始纳入了南凉的统治之下。

吐谷浑征服诸羌

十六国时期，从我国北方草原迁徙到西北地区的鲜卑乞伏部和秃发部先后建立西秦和南凉，同时，鲜卑慕容部首领慕容涉归的长子吐谷浑也率领1700多户属民，经长途跋涉，从北方草原经阴山（今内蒙古大青山地区）辗转迁徙到了枹罕（今甘肃临夏）西北的罕开原，经过几代首领的不懈努力，终于在羌人云集的甘青地区建立了强大的吐谷浑王国。

吐谷浑人刚迁到枹罕地区时，生活在这里的是许多大大小小的羌人部落，各自独立，互不统属，而且相互之间经常进行掠夺战争，不能一致对外。聪明的吐谷浑人利用羌人不能团结一致、势力分散的弱点，通过不断征服和蚕食周围的羌人部落，迅速扩大了自己的势力，逐渐在枹罕地区站稳了脚跟。此后，吐谷浑人以枹罕为桥头堡，继续向西部和南部的羌人地区扩张势力，青海南部地区的许多羌人部落也陆续被吐谷浑征服。

在吐谷浑政权征服羌人的过程中，遭到了羌人的激烈反抗。吐谷浑的长子吐延，就是被昂城（今四川阿坝）的羌人首领姜聪刺杀的。为了缓和与羌人的矛盾，平息羌人的反抗，减少自己无谓的伤亡，吐谷浑政权对羌人部落首领进行了笼络，保留了他们原有的地位和财富，让他们在吐谷浑政权中担任一些重要职务，参与国家的管理。到了吐延的儿子叶延在位时，吐谷浑政权最终平息了羌人部落的反抗。在长期的控制与反控制斗争中，吐谷浑逐步建立起了鲜卑贵族和羌人贵族的联合政权，并最终控制了广大羌人地区，使吐谷浑成为当时西北地区的一个强大政权。

吐谷浑政权建立初期，十分倚重羌人上层的支持，羌人上层也在吐谷浑政权中占有非常重要的地位。在辟奚、视连在位时长期担任长史一职的钟恶地，虽是一名羌人，但通达史典，谙晓经国安邦之策，有着很高的汉文化素养。他针对辟奚、视连父子二人在位时偏执仁孝、不知政事的状况，曾劝谏视连要正确把握仁义的尺度，正确处理德礼与刑法之间的关系，应该效法周公和孔子，"不可独追徐偃之仁，使刑德委而不建"，要"以德御世，以威齐众，养以五味，娱以声色"。对于钟恶地的劝谏，视连虽以"威德之建，当付之将来耳"加以婉拒,但其子视罴继位后,接受了钟恶地提出的一系列治国思想,彻底改变了其祖、父二代"以仁宰世,不任威刑"的做法,威德并树。视罴之后的吐谷浑各代统治者,也大都继承了这一思想传统。可以说,钟恶地提出的一系列治国思想,在吐谷浑政权的建设过程中发挥了积极作用,在吐谷浑政权的治国思想中占有十分重要的地位。

伏连筹在位时,钟羌首领钟利房被吐谷浑册封为定城王,位高权重。直到吐谷浑中后期,羌人上层在吐谷浑政权中的权势和地位才有所削弱。此外,在吐谷浑政权发展的前期,白兰羌游牧之地是吐谷浑的可靠根据地、坚定的大后方,每当其他政权进攻吐谷浑使其身处危境时,他们多退保白兰,从而获得喘息之机,此后再次发展壮大。

吐谷浑政权从建立到灭亡,总共存在了350多年。在这期间,经过长期的交流、融合,吐谷浑境内的许多羌人逐步融入了吐谷浑人之中,为吐谷浑的发展壮大作出了积极贡献。

四、十六国时期的羌人政权

南安姚氏羌人与后秦政权

"五胡十六国"时期,进入我国北方地区的少数民族纷纷建立自己的政权,迁徙到南安赤亭(在今甘肃省陇西县东)的姚氏羌人,继前秦之后又建立了一个国号为秦的少数民族政权,史称"后秦"。

据史书记载,南安姚氏羌人是两汉时期烧当羌人的后裔。早在东汉永平元年(58年),烧当的七世孙填虞率部进犯东汉边境时,被汉将马武击败,部众离散,有的迁到了塞外,有的迁到了内地。后来,填虞的九世孙迁那率部归附了东汉,受到东汉王朝的嘉奖,被册封为冠军将军、西羌校尉、归顺王,其部众被安置在南安赤亭(今甘肃省陇西县东)。三国时期,迁那的玄孙柯迴因帮助魏军牵制蜀将姜维有功,被曹魏册封为镇西将军、绥戎校尉、西羌都督。永嘉之乱时,柯迴的儿子姚弋仲率部东迁至榆眉(今陕西省千阳县),自封为护羌校尉、雍州刺史、扶风公。后来,姚弋仲被后赵政权册封为奋武将军、襄平县公、西羌大都督。东晋永和七年(351年),姚弋仲投降东晋,被册封为使持节六夷大都督、车骑将军。姚弋仲虽是羌人,但常常告诫儿子们:自古以来,没有少数民族作天子的,我死后,你们要归顺东晋,恪守臣子的礼节,不要做不义之事。

姚弋仲死后,他的儿子姚襄遵从父亲的训诫,率部南下归顺东晋,被安置在谯城(今河南夏邑县),姚襄本人也被封为平北将军、并州刺史。姚襄从小博学多才,汉文化程度很高,在当时很有名气。但由于他是羌人出身,东晋的许多名门望族都瞧不起他。尤其是出身于高门世家的中军将军、扬州刺史殷浩,视姚襄为仇敌,不仅囚禁了姚襄的几个弟弟,还多次派兵进攻姚襄,但都被姚襄打败。姚襄见自己不容于东晋权贵,只得率兵北上,打算占领关中地区,另谋出路。后来,在三原(在今陕西省三原县城东北)与前秦主苻坚交战,兵败被杀,他的弟弟姚苌投降了苻坚。

姚苌跟随苻坚四处征战,屡立战功,很受苻坚的器重。淝水之战前,更被册封为龙骧将军,管理梁州和益州的军政事务。淝水之战后,前秦政权土崩瓦解。姚苌返回渭河以北地区,被当地的地方豪强推为盟主,并自称大将军、大单于、万年秦王,年号白雀,拥兵割据。姚苌乘中原地区战乱的时机,扩张领地,养精蓄锐,北地、安定等郡的十万多户羌人和胡人先后归顺了他。白雀二年（385年），姚苌俘虏并杀死了苻坚。白雀三年（386年），姚苌率兵占领长安，改元建初，正式建立了后秦政权。

姚苌死后，他的儿子姚兴继位。在姚兴的全力经营下，后秦的国力达到了鼎盛时期，控制了东起今河南西部、西至河西走廊地区的广大领土，成为当时国力仅次于后燕的强大政权。姚兴晚年时，由于几次重大的决策失误，使后秦丧失了许多领土，国力大大削弱。加之他没有妥善地处理好皇位继承问题，致使皇子们为争夺皇位而相互倾轧，内讧不断。东晋义熙十二年（416年），姚兴去世后，太子姚泓继位。不久，镇守各地的皇子纷纷起兵反叛，后秦的一些邻国也乘机进犯，东晋大将刘裕乘后秦内外交困之际，率兵大举北伐，接连攻下了后秦的许多州县。后来，姚泓为镇压内乱，撤回了防守潼关的军队，使刘裕乘机攻占潼关，进入关中。公元417年八月，刘裕攻破长安，姚泓被俘，被押送到建康（今南京）后处死，后秦政权最终灭亡。

值得肯定的是，后秦政权建立初期，后秦统治者出于巩固统治的需要，实行了一系列改革政治、发展经济和文化的措施：整顿吏制，训练司法人员，惩治贪官污吏，表彰勤政爱民的清官；大力招抚流民，对流民轻徭薄赋，帮助他们发展生产；释放奴婢，大力抑制羌、汉豪强的势力，强化地方政权机构；提倡儒学，设置学官，注意通过考试选拔人才；等等。这些措施的实行，不仅加速了后秦政权的汉化进程，也促进了北方羌、汉等民族之间的相互融合，顺应了时代发展的潮流，具有一定的进步意义。

宕昌羌部落

后秦政权灭亡后，在今川甘交界地带的白龙江流域和白水江流域，相继兴起了两个比较强大的羌人部落——宕昌和邓至。

宕昌羌人主要生活在羌水（今白龙江）流域，分为许多部落，有各自的管辖区域，相互之间互不统辖，只有发生战争时，才结成临时性的部落联盟。吐谷浑政权兴起后，为了扩大自己的领土，不断对其南部的宕昌羌发动掠夺战争。面对吐谷浑的威胁，宕昌羌人不断加强内部联合，逐步形成了比较稳固的部落联盟。到梁懃作部落联盟首领时，部众达到2万多户。此外，宕昌羌人还与强大的北魏建立了臣属关系，利用北魏的力量与吐谷浑相抗衡。

北魏太武帝太平真君九年（448年），宕昌羌大首领弥忽（梁懃之孙，又被称为梁瑾忽、瑾忽、梁瑾慈等）派他的儿子弥黄到北魏进贡方物，北魏册封弥忽为宕昌王，弥黄为甘松侯。北魏孝文帝太和五年（481年），吐谷浑袭击宕昌羌，宕昌羌向北魏求救。孝文帝进行干预，命令吐谷浑归还从宕昌掠夺的人口。太和九年（485年），宕昌王梁弥博受到吐谷浑的攻击后率部逃到了北魏境内，北魏派军队打败吐谷浑后，另立了一位宕昌王。北魏宣武帝时，北魏下诏责备吐谷浑，让其与宕昌羌和平相处。

宕昌羌与北朝的北魏建立臣属关系的同时，又多次派人向南朝的宋、齐、梁等政权进贡方物，接受南朝给予的各种封号。北魏分裂为东魏和西魏后，宕昌羌多次进犯西魏边境，都被西魏派兵击退。北周时，宕昌羌又多次进扰边境，周武帝派大将军田弘率兵消灭了宕昌，并在宕昌羌地区设立了宕州，由北周直接管理。

邓至羌部落

邓至羌人主要生活在宕昌羌以南的白水江流域，又被称作白水羌。传说曹魏大将邓艾在进兵蜀国时经过这些地方，因此，这里的羌人就被叫作邓至羌。

邓至羌效仿宕昌羌的做法,和北魏建立了臣属关系。北魏初期,邓至王像舒治和彭舒者都先后派人到北魏进贡方物,受到了北魏的册封。邓至羌对北魏非常恭顺,北魏对邓至羌也时常进行保护,它们之间的关系也比较密切,甚至有时候王位的继承也要请示北魏。邓至羌在与北魏交好的同时,和南朝又有一定的交往,接受南朝的封赏。西魏末年,邓至羌因势力日益衰弱而最终灭亡,西魏在邓至羌地区设立邓州进行统治。

宕昌羌和邓至羌的生产方式和风土习俗大体相同,都以畜牧业生产为主,畜养牛、羊、猪等牲畜。人们居住的屋子的顶子是用牦牛尾巴和公羊毛织成的毛毡制作成的。部落里没有什么法律,也不征收赋税。没有自己的文字,只是依据四季草木的变化来计算时间。

除了宕昌羌人和邓至羌人,在白龙江、白水江以南的岷江流域,还生活着许多大大小小的羌人部落,其风土习俗比宕昌羌人和邓至羌人更加粗犷。这些部落也时不时地派人向北魏进贡,北魏也乐于接受,常常赏赐将军、子男、渠帅等封号,加以笼络。

五、西域地区的羌人活动

魏晋南北朝时期,在西域地区仍然活动着大量羌人,虽然这一时期史书中没有系统完整的记载,但从一些史书的零星记载中,我们也可以对他们的种落、分布、经济生活、风俗习惯等有一个大致的了解。

史籍所见的羌人与国家

曹魏明帝时的史学家鱼豢所著的《魏略》一书记载,墩(敦)煌和西域的南山中,从婼羌西至葱岭数千里的区域内,除了有月氏人,还有葱茈羌、白马羌、黄牛羌等,这些部族各有酋豪,北面与西域诸国相接,南面与白马羌相邻。

北魏时期的史学家郦道元所著的《水经注》一书也记载说,在西域地区有一个叫龙城的地方,是以前的"姜赖之虚",是胡人中的大国。因为蒲昌海发洪水,国家才被淹没,现在古城市尚存,规模非常大,早晨从西门出发,傍晚的时候才能到达东门。清朝学者张澍辑录《凉州异物志》一书也对这个"姜赖之虚"有着记载,说蒲昌海的洪水是由于上帝的赫然震怒造成的。现代学者们推测,这个以"姜"命名的部族,是具有较高农业生产水平的一支羌人，说明新疆地区的羌人来源较早，而且曾经有过人口稠密、经济和文化比较发达的阶段。

北朝北齐史学家魏收所著的《魏书》一书中，记载了西域阿钩羌国和波路国这两个由羌人建立的国家。其中阿钩羌国在莎车西南，距离中原的代地13000里，国西有县度山，长达四百里，山中修有栈道，下临万丈深渊，过往之人都以绳索相系而行，国中出产五谷和各种水果，交易商品时使用钱币，能铸造兵器，还出产金珠。波路国在阿钩羌的西北，距离中原的代地13900里，国内气候比较湿热，有蜀马，其物产和风俗与阿钩羌相同。

姜女书简与羌女惜别图

1901年，英国探险家斯坦因在罗布泊（蒲昌海）楼兰古城中心遗址三间房发现一些三国至前凉时期的文书，其中有一封十分特别的姜女书简，书简的内容是"姜女曰：取别之后，便尔西迈，相见无缘，书问疏简，每念兹对，不舍心怀，情用劳结。仓卒复致消息，不能别有书裁，因数字值信复表。马羌。"人们在被这位名叫马羌的羌人女子对远方情人的浓浓思念和动人的文笔感动之际,认识到新疆的羌人和汉族人民交往密切,汉化程度很高,并已能够阅读汉文,甚至达到很高的水平了。这封姜女书简后来被斯坦因带到英国,经法国学者沙畹考释,后来被收入罗振玉、王国维合撰的《流沙坠简》一书。

20世纪70年代以来,甘肃考古工作者在河西走廊地区陆续发掘出为数众多的魏晋时期墓葬画像砖,这些画像砖主要描绘的是农业生产、畜牧渔业、狩猎、饲养家畜、蚕桑、屠宰、军屯、民屯等内容和场景,反映了当时河西地区各族人民生活、生产、军事、文化的真实情景,具有浓厚的生活气息。在这些墓葬壁画上,常有披发或狩猎,或农耕,或桑蚕的羌人男女形象。其中,在甘肃省酒泉市肃州区果园乡西沟村发掘的一座魏晋时期壁画墓中,位于北壁甬道门西侧第二层,绘有一幅"羌女惜别图",图中男子骑白花马飞驰,一女子站立在后面,面露愁容,与男子依依惜别,男子侧过身来,以余光看着送别的女子。女子长发披肩,身穿圆领浅地裘氅,长裙袭地,裙裾镶有花边,肩背一水罐(或酒壶)。结合汉晋时期河西走廊地区的羌人常被朝廷征发赋税徭役,还把他们派往边境的军事要塞戍边服役的实际状况,学者们认为这幅画反映的应该是羌人丈夫被征调充任"羌骑",身着盛装的羌人妻子目送丈夫西去边关,因为路途遥远,不知归期,所以心有戚戚满目惆怅、依依惜别的感人场景。

六、民族融合大潮中的羌人

羌人迁居北方各地

魏晋南北朝时期是我国历史上长期分裂割据的时期,也是北方少数民族和汉族依次向南大迁徙、大同化、大融合的时期。作为"五胡"之一的羌人,也加入这一民族迁徙、融合大潮之中。

早在西晋时,内迁的羌人已经遍布秦州、凉州各地。20世纪以来,人们不仅在今天的甘肃省靖远县、陕西省长武县、陕西省白水县发现了三枚"晋归义羌王"印,在甘肃省西和县发现一枚"晋归义羌侯"印,还在各地发现"晋率义羌仟长"印和"晋率义羌佰长"印。此后,随着西晋王朝的覆灭,羌人还进一步向中原更发达的地区深入,关中冯翊、北地二郡成为羌族各部聚集的地方。

十六国时期,各族割据政权为掠取兵源和劳动力，都大规模地把被征服地区的居民集中于都城或军事重镇，民族迁徙更加频繁。如前赵皇帝刘曜曾把上郡地区的 20 余万口羌、氐居民强迫迁到长安，后赵皇帝石虎也把 15 万户羌、氐居民迁至今陕西、河南、河北、山东一带。到后秦建国时，羌人已经广泛分布于北方许多地区。后秦灭亡后，秦州、泾州、河州、华州等地的羌人，由于连年发生反抗北魏的斗争，遭到镇压，流散到四方，和汉族及其他民族杂居，接触更为频繁。

北魏、北周时期，关中地区仍然是羌人聚居的重要地区。当时，羌人除了聚居在渭河以北同州、华州东部外，关中以北的蒲城、白水、宜君、铜川、宜州等地也居住着众多羌人。当羌人刚刚迁入这些地区时，汉、羌二族分别居住，形成汉村和羌村的犬牙相错状态。但时间一久，汉、羌两族间相安无事，逐渐产生同村杂居的现象，羌村之中逐渐也有其他民族的人居住，有的村邑则汉人、羌人和其他民族的人杂居一起，同邑而居，过着共同的经济生活。

封建化进程加快

十六国以来，关中地区的羌人在汉族封建经济和文化的影响下进一步封建化,加速了与汉族等民族的融合进程。

首先,羌人内部贫富分化更为明显,官僚、地主逐渐增多,他们踊跃参加各项政治活动,以获得封建官爵为最大的殊荣。今陕西蒲城县敬母寺遗址发现的刻于北周保定四年(564年)的《圣母寺四面像碑》中,参与造像的羌人中就有"罕开明孙肆安县令""旷野将军殿中司马屈男神国""横野将军员外司马同蹄永""威烈将军荔非道庆""蒲城县法曹府昨和畅""白水郡五官雷洪达"等,既有地位较高的军事职务,也有普通的地方官员。《周书·韩褒传》也记载说,当时羌胡的社会风气是瞧不起贫弱者,崇尚和重视豪富者,而豪富之家往往侵渔欺凌贫弱小民,将他们视同仆人和奴隶,因此,贫弱者更加困顿不堪,富裕者更加富裕。

其次,在宗教信仰方面,羌人逐渐摒弃了崇信巫术的原始宗教,改而信奉佛教,与汉族和其他民族的人一道建立寺宇,造像树碑之风广为流行。今天,在陕西地区保存下来的羌人参与造像的碑刻就有不少,比较著名的有《邑主同琕龙欢合邑子一百人等造像记》《圣母寺四面造像碑》《同琕氏造像记》《昨和拔祖等一百二十八人造像记》《邑主雷惠祖合邑子弥姐显明等造像记》《邑主弥姐后悥合邑子卅人等造像记》。这些佛像的施主中羌人占三分之二以上。

再次，羌人的婚姻制度也在民族融合大潮中逐渐发生了显著变化。此前在很长的历史时期内，羌人长期盛行同族异姓的内婚制，迁入关中地区后，与汉族等长期杂居，在婚姻上受其他民族的影响和出于生产生活实际的需要，逐渐冲破传统的各自为婚的族内婚制，出现了与他族通婚的族外婚制。到北朝时，这一地区的羌人在婚姻和其他习俗上与汉人几乎没有什么区别，各民族之间通婚的现象也十分普遍。如北朝末年史书中记载的郭羌，他的家族既与氐族的蒲氏通婚，又与羌姓的雷氏结为姻亲。

隋唐以来羌人的存续与发展

一、青藏高原地区的羌人

隋唐时期,我国西部地区仍然活跃着许多大大小小的羌人部落,在地域辽阔的青藏高原地区先后活动着苏毗、白兰、党项、东女、多弥、白狗、春桑、迷桑等众多羌人部落,其中实力比较强大的有苏毗、白兰、党项、多弥和东女等。

苏毗羌

苏毗,是吐蕃统一青藏高原地区前活动于今青、藏两省区交界地区的一支羌人,因其首领姓苏毗而得名,具体活动位置在今金沙江上游通天河以西,跨唐古拉山南北,北面以黄河为界与吐谷浑相邻。关于苏毗的具体情况,汉文史籍中记载较少。《新唐书·西域传》记载说,苏毗本为西羌族,后为吐蕃所并,号孙波,在吐蕃所属各部最大。辖境东与多弥相接,西至鹘莽硖(青海省杂多县索曲北源的上游),属民有三万户。另据新疆南部发现的一批约为2—5世纪时遗留下来的佉卢文书的记载,早期的苏毗时常侵犯西域南边的于阗等城郭国家,说明早期苏毗的活动范围曾到达西域于阗一带。苏毗与中原政权的政治交往比较少。隋开皇六年(586年),苏毗曾派遣使者向隋朝进贡。唐天宝年间,苏毗国王没陵赞欲举国内附,为吐蕃所杀,其子悉诺于天宝十四年(755年)正月率部分首领归附了唐朝,被陇右节度使哥舒翰护送到长安,唐玄宗以十分隆重的仪式接待了他,并册封他为怀义王,赐姓名李忠信。

另据藏文文献记载,早在西藏"十二小邦"时代,已有"亚松"小邦,即后来的苏毗。在公元前4世纪以前,苏毗曾长期受象雄统治。大约在公元前4世纪,苏毗始出现于青藏高原历史舞台,其最初的地域中心在襄曲河流域(即今青海玉树及川西北一带),后逐渐向拉萨河流域发展。至公元6世纪,苏毗空前统一,成为雅鲁藏布江北岸以今彭波地区为中心的一支强大的部落联盟,与象雄、雅隆吐蕃部落形成三足鼎立之势。苏毗强盛时,是西藏高原各部族的名义共主,连当时吐蕃赞普达布年塞的妹妹也充作苏毗国王的侍婢。6世纪中叶，苏毗王森波杰达甲瓦执政，试图强化奴隶制度，遭到以年纪颂纳波为首的大贵族集团的反对，他们起兵杀死森波杰达甲瓦，拥立小王弃邦孙。森波杰达甲瓦的支持者暗中和吐蕃赞普达布年塞相通，密谋攻取苏毗。约在公元620年，达布年塞之子囊日松赞亲率精兵1万对苏毗发动袭击，苏毗王及大臣年纪颂纳波被杀，王子芒波结逃到北方的朱孤，苏毗土崩瓦解。松赞干布即位之初，尽管苏毗等部曾发生公开反叛，但在娘·芒布杰尚囊的招抚下，苏毗再次归于吐蕃统治之下。直到9世纪中叶，苏毗人仍很活跃，在西藏、四川西北、青海河湟乃至新疆南部、甘肃敦煌一带，到处都有他们的足迹，最终融入吐蕃之中。

白兰羌

白兰羌为羌人之一支，以境内有白兰山而得名。白兰一名最早见于《华阳国志·蜀志》，书中记载说汉代时的汶山郡境内有白兰峒。学者们普遍认为，这个白兰峒就是隋唐时期的白兰羌。也有学者认为，白兰羌的起源可以追溯到汉代西羌的先零或滇零种羌，原与先零同居一地、关系密切的卑湳羌，也是白兰羌的组成部分。

关于白兰羌最初的活动位置，由于史书记载不明确，学者们有认为在今青海西南的巴颜喀拉山脉的，有认为在今柴达木河流域的，有认为在今四川省阿坝藏族自治州的，但大致在今黄河河源地区。后来白兰继续南迁，在今四川省甘孜藏族自治州的炉霍、丹巴和巴塘等地留下痕迹。

魏晋以来，吐谷浑兴起于甘青交界地区，臣服群羌，白兰羌也在其中，并在很长时期内成为吐谷浑稳固的后方基地，因此白兰一名又经常见于《晋书》《魏书》《宋书》及《北史》等史书中的《吐谷浑传》及有关列传中。《周书·异域传》记载说，白兰是羌人的一支别种，居住地东北接吐谷浑，西北至利模徒，南界郁鄂，风俗物产与宕昌羌大体相同。《新唐书·党项传》也记载说，吐蕃称白兰羌为丁零，其居住地左与党项羌相邻，右与多弥羌相接，部落有胜兵万人，作战十分勇敢，擅长制作兵器，风俗与党项羌相同。唐龙朔年间（661—663 年）以后，白兰和春桑、白狗羌为吐蕃所征服，吐蕃常常借助其兵力作为对外发动战争的前驱。

党项羌

党项羌也是隋唐时期羌人中非常重要的一支。关于"党项"的名称含义,史学界提出了不同的见解。如:王静如先生认为,"党"即上古"羌"之化音,"党""羌"同音。岑仲勉先生则认为,"党项"与"Tangut"实为同源异式之译法,"党项"之"党"字不存在复辅音问题。李志清先生认为,党项之"党"当为"大"之音读通假,"项"字音读如"向";"党项"之名的音义名实,为正字"大夏",其音读之通假可为"党项"。

早在魏晋南北朝时期,党项羌人就已经生活在青藏高原地区。北周消灭宕昌羌和邓至羌后,党项羌人开始强大起来。隋朝时,他们的活动区域向东到达今天的青海东部、甘肃南部、四川西部地区,向西到达今天的新疆地区。党项羌人按姓氏划分为不同的部落,一个姓氏往往包括有许多个部落,大的部落有上万人,小的部落也有几千人,相互之间互不统属。党项羌中比较著名的姓氏有细封、费听、往利、颇超、野辞、房当、米禽、拓拔(跋)、折氏等。由于党项羌人的分布地域很大,党项一词逐步成为当时中原地区的人们对西部地区羌人的总称。

吐谷浑强盛时,党项羌人臣服于吐谷浑,与吐谷浑的政治经济交往比较密切。唐朝初期，党项羌拓拔（跋）部首领拓拔（跋）赤辞就和吐谷浑王室联姻，后来曾帮助吐谷浑王伏允与唐朝作战，失败后归附了唐朝。吐蕃征服白兰羌后，开始对党项羌用兵。许多党项部落迫于吐蕃的压力，从唐朝贞观年间起就相继归顺了唐朝。唐朝在今甘、青、川交界地区设置了许多羁縻府、州来安置归顺的党项部落，进行羁縻统治。到玄宗天宝年间时，唐朝在边境地区设置的用来安置党项羌的羁縻府、州多达104个，全部归松州都督府管辖。松赞干布之后，吐蕃进一步向东扩张，导致大量的羁縻府、州废弃，许多党项羌人内迁。"安史之乱"后，吐蕃占领陇右地区，唐朝安置党项羌的羁縻府、州除一部分内迁外，大部分被吐蕃攻陷。唐朝将内迁的党项羌人大部分安置在灵州（治所在今宁夏灵武西南）、夏州（治所在今内蒙古乌审南白城子）、银州（治所在今陕西米脂）、庆州（治所在今甘肃庆阳）、泾州（治所在今甘肃泾川北）、陇州（治所在今陕西陇县）等地，并设置了50多个党项州，加强了对内迁党项羌人的管理。被唐朝迁徙到内地的党项羌人人数很多，如武则天天授三年（692年）被迁徙到灵州和夏州的党项羌人就有20多万户，唐肃宗上元元年（760年）前后被迁徙到泾州和陇州的党项羌人有10万多人。

随着时间的推移,内迁的党项羌人相互之间加强了联合,逐渐形成了三个大的部落集团:一个是由野利越诗、野利龙儿、野利厥律、儿黄、野海、野窣等部落组成的"六府部落";一个是居住在夏州的平夏部落;一个是居住在庆州的东山部落。被吐蕃征服并控制的那部分党项羌人,后来更名为弭药,被吐蕃看作是地位低贱的人,处境非常悲惨。而且,吐蕃征服者们为长久地统治羌人地区,在党项羌人中强制推行民族同化政策,使大量的党项羌人融入了吐蕃人当中。

唐朝末年,黄巢领导的农民起义爆发后,党项羌拓跋部首领拓跋思恭向唐朝表示效忠。后来,拓跋思恭因帮助唐朝镇压黄巢起义有功,被唐朝册封为夏国公,赐姓李。拓跋思恭死后,他的弟弟拓跋思谏做了拓跋部的首领。拓跋思谏苦心经营,使拓跋部的势力进一步壮大起来。到五代十国时期,拓跋部已经发展成为西北地区一支不可小觑的地方割据势力。

东女国

根据史书记载,隋唐时期青藏高原地区存在着两个被称为"女儿国"的女国,一个在高原西部,称为女国;一个在高原东部,称为东女国。由于史书记载比较混乱,人们在很长一段时间内对两个女国的地理位置和具体情况认识不清,还时常出现张冠李戴的错误。近十多年来,随着学术研究的深入,人们对女国的认识也逐渐清晰起来。

东女国是活动于青藏高原东部今川西北地区的一支羌人,隋唐之际经常出现在汉文史籍记载中,《旧唐书》中还专门写有《东女国传》,记载说东女国为西羌之别种,因西海中已经有女国,所以称为东女国,世代以女子为王,国境东与茂州(治所在汶山,今四川茂汶)党项羌相邻,东南与雅州(治所在今四川雅安)接界,与罗女蛮及白狼夷比邻而居,辖境东西长约九天的行程,南北约二十天的行程。《唐会要》一书中也有关于东女国的记载,大致与《旧唐书》相同。

唐初以来,随着吐蕃不断向东扩张,东女国也和苏毗、白兰、党项一样被吐蕃所征服,但仍然保留了女王,具有一定的独立性。唐德宗贞元年间(785—805年),东女国国王汤立悉和西山羌的几个国王一同来到长安朝觐,德宗在麟德殿召见他们,册封汤立悉银青光禄大夫、归化州刺史。汤立悉的妹妹乞悉漫很有才智，也跟随哥哥前来朝觐，被封为和义郡夫人，汤立悉的兄长汤厥银也被唐朝授予银青光禄大夫、试太仆卿的职务。

多弥

多弥是隋唐时期活动于今青海省玉树藏族自治州一带的羌人部落，与当时的苏毗、白兰、党项等羌人部落毗邻而居，在汉文史籍中常常又被写作当迷、昨弥。据《新唐书·西域传》记载，多弥也是西羌的一支，后来被吐蕃征服，又被称为难磨，居住在犛牛河即今通天河沿岸一带，其地盛产黄金。唐贞观六年（632年），多弥曾派遣使者向唐朝朝贡，唐朝赐给许多财物后让使者返回。

由于汉藏文史籍中对多弥的记载不多，我们对多弥的情况还无法比较全面地了解。据学者们考证，认为被称为难磨的多弥，或许就是藏文文献中记载的南国或南部族，而且南部族在古藏文文献中往往与吐蕃原始六族中的董族联系在一起，因此多弥可还原为"董弥"，即董人之意。据藏文史籍《贤者喜宴》的记载，南国在唐初贞观六年至显庆元年（632—676年）间为吐蕃"四方面王"之一，与吐蕃赞普通婚和结盟的大家族那囊氏，应为南部族首领或大家族之一。唐"安史之乱"后，吐蕃曾征调南部至西域一带防戍，所以20世纪以来新疆出土的藏文简牍中有"南茹""南茹巴"的记载。也有学者认为，多弥（南国）同与之邻近的白兰均源于汉代以来西羌中的卑湳等羌。

二、西山诸羌

隋唐时期，在成都平原以西、岷江上游的高山河谷之中生活着众多的羌人部落。由于成都平原以西岷江上游的岷山、龙门山、甘松岭、羊拱山、鹧鸪山、大白山、邛崃山、夹金山等山脉当时称为西山，所以生活在这一地区的众多羌人部落也被称为西山诸羌。

隋朝时，岷江上游地区生活着紫祖、四邻、望方、涉题、千碉、小铁围山、白男王、弱水、渠步、桑吾等众多羌人部落，大业年间这一地区的羌人部落曾前来朝贡，隋朝除在会州（在今四川茂县）设立总管对羌人部落进行羁縻管理外，还在沿边其他地区设立总管府，进行松散的羁縻管理。

唐朝中期，西山诸羌中有哥邻、逋租、南水、弱水、悉董、清远、咄坝、白狗8个较大部落崛起，号称"西山八国"。贞元九年（793年），西山诸羌为吐蕃所逼，东女国王汤立悉带领哥邻国王董卧庭、白狗国王罗陀忽、逋租国王弟邓吉知、南水国王侄薛尚悉曩、弱水国王董辟和、悉董国王汤息赞、清远国王苏唐磨、咄坝国王董藐蓬，各率所部来到剑南西川节度使驻地求内附，唐朝皆授以他们官职，赐给大量金帛。当时的西川节度使韦皋被加授统辖近界羌蛮西山八国使，负责招抚和管理西山诸羌。韦皋曾将西山八国内迁的一部分羌人安置于维州（治所薛城，在今四川理县东北）、霸州（治所在今四川茂县西北）、保州（治定廉，在今四川理县北）等地，给以种粮、耕牛，使他们安居乐业。此后，为了安置不断归附的西山诸羌，唐朝在西山地区设立了翼、涂、维、笮、向、炎、冉、彻、穹9个羁縻州，后来，羁縻州数量增加到30多个。"安史之乱"后，西山诸羌大部分为吐蕃所征服，向吐蕃缴纳赋役。

　　由于西山诸羌地处唐王朝与吐蕃交往的要冲，在唐蕃相争的时候，成为双方争取的重要目标。这些部落被夹在唐、蕃两大势力之间，谁也不敢得罪，只能采取两面讨好的办法。

三、吐蕃征服诸羌

公元6世纪中叶,活动于今西藏山南等地的雅隆部落在征服了周围的许多部落后逐步强大起来,建立了吐蕃奴隶制政权。强大起来的吐蕃积极向外扩张,与吐蕃毗邻的苏毗和羊同首当其冲,成为吐蕃征服的第一个目标。达布聂西赞普的儿子朗日论赞(又叫论赞弄囊)在位时,苏毗国内发生内乱,朗日论赞联络和争取了苏毗国内的一些大臣及贵族后,对苏毗发动突然袭击,征服了苏毗。但没过多久,吐蕃国内也发生了内乱,赞普朗日论赞被旧贵族杀害,苏毗贵族卷土重来,乘机复辟,与吐蕃毗邻的羊同也乘机派兵进犯。在这危及存亡的紧要关头,年仅13岁的吐蕃赞普松赞干布在他叔叔和部分贵族的支持下,迅速平息了叛乱,稳定了国内局势。随后,松赞干布迁都逻些(今西藏拉萨),并派兵出征苏毗,彻底消灭了苏毗反抗势力,完全征服了苏毗。

吐蕃征服苏毗后,获得了充裕的兵源和粮草来源,加紧向东扩张。处于吐蕃与吐谷浑交界地带的白兰就成了吐蕃向东扩张的下一个目标。这时,吐谷浑经多次政局动荡,内部矛盾重重,势力大不如前,对白兰羌的控制也软弱无力。据《册府元龟》记载,唐高宗显庆元年（656年）十二月，吐蕃大将禄东赞率兵12万攻击白兰羌，苦战三日。吐蕃初败后胜，杀白兰千余人，屯军境上，将白兰羌打败。另据《唐会要》记载，唐显庆年间（656—661年），白兰为吐蕃所吞并，收其兵以为吐蕃军锋。以后，白兰再不见于史籍记载。

吐蕃吞并苏毗、白兰、多弥、东女国等羌人部族后，从这些地区征调大量的人力和物力，为其对外扩张战争服务。在吐蕃与唐朝长达100多年的战争中，大量的羌人被征调从军，作为吐蕃军队的主力和精锐冲锋陷阵，为吐蕃的强盛与繁荣付出了沉重的代价。与此同时，吐蕃在羌人中间强制推行民族同化政策，大量的羌人就慢慢融入了吐蕃民族当中，为吐蕃民族添入了新鲜血液。因此，唐以后，曾经是羌人大本营的青藏高原几乎找不到羌人的活动踪迹了。

四、宋代时期的羌人

到了宋代，当大部分羌人被淹没在民族迁徙融合浪潮之中时，除了生活在岷江、涪江上游地区和西夏境内的一小部分羌人仍然顽强地保持着他们独特的民族特色外,其他地区的羌人大都发展为藏缅语系的各族,或者先后融合于汉族及其他民族之中。

西夏政权的建立

北宋建立后,党项拓跋部臣服于北宋,其首领李彝超和弟弟李彝兴相继担任定难节度使。李彝兴死后,北宋赠太师,追封夏王。李彝兴的儿子李光睿、孙子李继捧做拓跋部首领时,采取怀柔政策,积极争取其他羌人部落的支持,使拓跋部的势力进一步增强。李光睿担任定难军节度使时,驭下宽和,属下犯有小过失时不斤斤计较,在他任职期间,属下的羌人十分感恩和喜悦,没有怀有二心和背叛他的人。李继捧同样奉行这样的政策,也十分有效。有一次,宋太宗询问李继捧在夏州时是如何管理所属的羌人各部的,李继捧回答说,羌人凶猛强悍,只是羁縻而已,并不能用武力制服。到李继迁时,拓跋部已征服了许多羌人部落,给各个部落授予蕃落使、指挥使、团练使之名,不但形成了一个大部落联盟,而且向国家形态过渡。

北宋和辽国对拓跋部的兴起都非常重视。辽国将义成公主嫁给李继迁,并册封李继迁为夏国王,拉拢和利用他与宋朝对抗。宋朝为削弱拓跋部的势力,对党项羌中的其他部落进行争取和笼络,以此牵制拓跋部。宋仁宗天圣九年(1031年),雄才大略的元昊继位,他在团结和巩固了内部后,大规模向外扩张,迅速扩大了夏的领土。宋仁宗宝元元年(1038年),元昊自称大夏皇帝,建立了西夏。西夏王朝建立后,仿效中原王朝进行了一系列的改革,加快了党项羌人的汉化和封建化进程。

1227年,崛起于北方草原的蒙古消灭了西夏,西夏境内的党项羌人,除了有一少部分向东迁徙外,大部分成了蒙古的臣民。元朝时,党项羌人在当地政府的领导下,兴修水利,发展农业,为这一地区经济社会的发展做出了杰出的贡献。后来,他们也逐步融入其他民族之中了。

岷江上游地区的羌人

宋代,今四川岷江、涪江上游地区还生活着许多羌人部落,系由隋唐时期西山诸羌延续而来。由于受守内虚外政策的影响,宋王朝对岷江上游羌人地区的管理采取维持现状的政策,继续沿袭唐朝时设立羁縻州的制度,在这一地区设立羁縻州进行羁縻管理。最初这些羁縻州由"处置统押近界诸蛮夷及西山八国使"管辖，后来改由茂州、威州进行管理，还设立了若干县一级政权加强管理。当时，茂州除领有汶山（治所在今茂县凤仪镇）、汶川（治所在今汶川县威州镇）二县，还管辖着珰州、直州、时州、涂州、达州、飞州、乾州、可州、向州、居州10个羁縻州，威州除领有保宁（治所在今理县薛城）、通化（治所在今理县通化）二县，还管辖着保州和霸州两个羁縻州。宋朝人视这些羌人为"蛮"或"夷"，称他们为"茂州蛮""威州蛮""保、霸蛮"。

宋初以来，随着宋朝对羌人管理的不断加强，不少汉人逐渐移入羌人居住地区。据史书记载，宋太宗雍熙时(984—987年)，当时的茂州已有汉人326户，霸州的汉人已有170余户。二州居民增多，成为当地的政治、军事、经济中心，初具城镇规模。南宋时，在威州、茂州各设土丁200名，以维持治安。土丁多以汉人充任，有的土丁曾为羌人的统治阶层佣耕，将内地的生产技术带到了羌族地区。

五、元明清时期的羌人

元明清时期,在我国统一多民族国家不断发展巩固的历史进程中,生活在岷江、涪江上游地区的羌人顺应历史前进的趋势,与中央政权之间建立了更紧密的政治关系。中央政府结合这一地区政治经济发展状况,在这一地区设立州县、卫所等行政建置的同时,广泛推行土司制度,进一步加强了封建统治。

元代,对岷江、涪江上游羌人聚集地区的行政建置设置基本沿袭了宋代的做法。元世祖至元十九年(1282年),设威州(治所在今理县薛城),领通化县(治所在今理县通化);设茂州(治所在今茂县凤仪镇),领汶山县和汶川县。与此同时,元朝政府在这一地区开始推行土官制度,设立了一些安抚司、千户所、万户府,任命当地羌人部族首领为招讨使、安抚使、宣抚使、千户等,世代承袭,实行自治管理。当时,在岷江、涪江上游地区设置的主要有松潘宕叠威茂等处军民安抚使司、静州茶上必里溪安乡等二十六族军民千户所、陇木头都留等二十二族军民千户所、岳希蓬萝卜村等处二十二族军民千户所、折藏万户府、磵门鱼通黎雅长河西宁远等处宣抚司。

明代,在四川羌人居住区设有茂州、威州、龙州、松州等行政建置，隶属于成都府。同时，还在羌人居住区推行卫所制度，设有茂州卫、松潘卫、龙州军民千户所等，管理军政事务。在元朝试行土官制度的基础上，明朝在这一地区全面确立土司制度，扶植的较大的土司有苏姓长宁安抚司、董姓静州长官司、坤姓岳希长官司、何姓陇木长官司、温姓牟托土巡检等，亦归茂州卫管辖；于叠溪置郁姓叠溪长官司及唉姓郁即长官司，归叠溪守御管辖。此外，还有实大关长官司、竹木坎巡检、寒水潭土巡检等。在今理县境内设有杂谷安抚使司，管辖今属茂县各部羌人以及今属理县的部分羌人。这一时期，在史籍中记载较多的羌人部族有白草羌、草坡羌、黑虎羌、罗打鼓羌、杨柳羌等。其中，白草羌分布在今北川县的白草河流域以及松潘县南的部分地区，嘉靖二十三年（1544年）曾袭击平番堡，掳去提督指挥邱仁等数百人。嘉靖二十六年（1547年），都督何卿与巡抚张时彻等由龙州、石泉、坝底三路出兵，大败白草羌。坝底河西凤村等 11 寨、永平河东等 17 寨投降明军。至万历十七年（1589 年），走马岭一带的白草羌编为平一村至十村，射溪一带编为一化村至八化村，各立村长，直接受茂州管辖。草坡羌在今汶川县草坡乡一带，正统年间曾进攻汶川，后被明王朝官军和瓦寺土司所镇压。万历年间，将草坡十二寨交瓦寺土司管辖，称草坡六合营。黑虎羌在今茂县北黑虎乡一带。正统、成化年间不时外出掳掠，嘉靖五年（1526年）归附。

清代，在四川羌人居住地区的地方行政建置主要是茂州直隶州，下辖汶川及保县二县。此外，在龙安府、松潘厅也有部分羌人。清朝继续沿袭了土司制度，对明以来的土司继续加以委任，前后设置有20多个土司，其中属茂州叠溪营管束的土司有大姓寨土百户、小姓寨土百户、大定沙坝土千户、大黑水寨土百户、小黑水寨土百户、松坪寨土百户，属茂州营管束的土司有静州长官司、陇木长官司、岳希长官司、长宁安抚司、水草坪巡检土司、竹木坎副巡检土司、牟托巡检土司，隶属龙安府龙安营管束的土司有阳地隘口长官司、王姓土通判、龙溪堡土知事以及石泉艾林、坝底土司等，而理番厅管辖的瓦寺宣慰司、杂谷宣慰司、打喇土司，松潘平番营管辖的丢骨寨土千户、云昌寺寨土千户、呷竹寺土千户等也管辖着数量不等的羌族属民。

康熙时期，清朝已在部分羌人居住区进行改土归流，乾隆十七年（1752年）废除杂谷土司之后，在羌人居住的地区实行大规模改土归流，推行里甲制度。到道光年间时，茂县、汶川地区的土司，除管辖藏族、羌族的汶川瓦寺土司而外，其余的已全部改土归流，或名存实亡，如静州、陇木、岳希、牟托等土司，地区大为缩小，势力急剧削弱，一般成为仅保有原官职称号而只管辖三五个寨的首领了。

民国时期，国民党政府在羌族地区推行县制，并对广大羌族人民进行残酷的政治压迫和沉重的经济剥削，苛捐杂税名目繁多，再加上额外的敲诈勒索，更加重了羌族人民的负担，使羌族人民的生活日益贫困。1935年，中国工农红军长征经过羌族地区，在中国共产党的领导下，羌族人民建立了工农革命政权，开展了轰轰烈烈的土地革命。他们热爱人民的军队，积极参军支前，仅茂县一县就有1000多人参加红军北上抗日，还有上万名民工为红军提供后勤保障。

中华人民共和国成立后，党和政府根据羌族地区的实际，进行了民主改革和社会主义改造，大大解放了社会生产力。同时，党和政府实行民族平等政策，在羌族地区进行民族登记并进行民族识别工作，将羌族正式确认为少数民族之一。为进一步保障羌族人民当家做主的权利，更加迅速地推进羌族地区各项建设事业的发展，1957年冬，茂县、汶川和理县分别召开各族各界人民代表会议，作出了三县合并成立茂汶羌族自治县的决议，并由四川省人民委员会转呈国务院批准。1958年7月7日，正式建立了茂汶羌族自治县，实现了羌族人民当家做主的自治权利，古老的民族焕发了青春活力，揭开了新的历史篇章。

羌人后话

一、当代的羌族

地域分布

今天的羌族主要分布在四川省阿坝藏族羌族自治州所属的茂县、汶川、理县、黑水、松潘和绵阳市的北川羌族自治县以及平武县,其余散居在甘孜藏族自治州的丹巴县以及贵州省铜仁市的石阡、江口等县。2003年7月6日,经国务院批准,正式成立北川羌族自治县,是目前全国仅有的一个羌族自治县,也是全国最新建立的自治县。

羌族人口在中华人民共和国成立以来有了快速增长。1964年第二次全国人口普查时,羌族人口为4.91万人;1982年,为10.28万人;1990年,为19.83万人。到2000年第五次全国人口普查时,羌族总人口为 30.61 万人。在 1964—2000 年的 36 年间，我国羌族人口的年增长率为 14.54%。2010 年第六次全国人口普查时，羌族总人口数为 309576 人。2020 年第七次全国人口普查时，羌族总人口数为 312981 人。

语言文字

羌族只有语言，没有文字，很早以来就使用汉文。20 世纪 80 年代末，有研究羌语的专家创制了羌文，在羌族地区尝试推行。羌语属于汉藏语系藏缅语族羌语支，基本上可以分为南北两大方言。南部方言通行于茂县中部和南部的沙坝、较场、凤仪、土门，汶川县的威州、龙溪、雁门、草坡，理县的通化、木卡、蒲溪、桃坪、上孟、下孟、甘堡、薛城，松潘县的镇江等地，北川羌族自治县的坝底、小坝，丹巴县的羌族地区也属南部方言区。北部方言通行于茂县的赤不苏和黑水县的大部分地区。由于山高路险，相互之间缺乏交流，羌语中还有许多不同的土语，甚至相邻的羌族村寨之间，语言也不完全相同。在交通沿线和接近汉族地区的羌族，一般都能使用汉语。

衣食住行

羌族的饮食、居住和服饰也很有特色。他们的主食基本上是玉米和马铃薯,辅以小麦、青稞、荞麦和大米。最常见的做法是玉米粥内加蔬菜。无论男女老少,羌族人都喜欢喝一种自己酿造的咂酒,这种酒不仅制作方法比较简单,喝法也比较独特。制作时,先将青稞和大麦煮熟,然后拌上酒曲,放入坛中用草覆盖7天后发酵而成。饮用时,在酒坛中注入开水,插上一根细竹管,轮流吮吸,喝完后,再添入开水,直至喝到没有酒味为止。羌族男子还喜欢吸自己种植的兰花烟。

羌族一般都是三五十户人集中居住在一个寨子中。过去,由于民族纠纷和冤家械斗频繁,羌族人的寨子大多建在半山腰或山顶上,易守难攻,非常有利于防守。在住房的附近,通常还建有坚固高大的碉楼,用来防备敌人和储存粮食等生活用品。羌族人居住的房屋大多是三层,个别还有两层的。三层房屋的第一层一般是牲畜的圈舍,第二层是起居室,第三层是储藏室。每家居室的中央都有一个叫锅庄的火塘,火塘上面通常放一个用铜、铁或石头制成的三足架,用来沏茶做饭。锅庄的上方供奉着祖先的神位,锅庄中的火种终年不熄,被称为"万年火"。平时,家人聚会、做饭、饮食、待客、祭祀祖先等活动都在锅庄旁边进行。

羌族男子和女子的服饰基本上大同小异,一般都穿着麻布或棉布长衫,外套一件羊皮褂子,头上包着青色或白色的头帕,长衫的颜色多是白色和蓝色。所不同的是,男子的长衫只超过膝盖,女子的长衫一直到脚背部位,女子的衣服上绣有鲜艳美丽的花边,衣领上镶有一排银饰,腰系绣花围裙和飘带。妇女最常用的饰品有耳环、圈子、簪子、银牌。

婚丧嫁娶

羌族基本上实行一夫一妻制。一桩婚姻的缔结,大体上要经过订婚、结婚等程序。订婚过程中有"开口酒""小订酒""大订酒"等程序。"开口酒"是男方请"红爷"(由有一定地位和声望的人担任)到女方家提亲,如女方同意,便开口说需要办多少招待近亲的酒席,费用由男方承担,表示订婚初步获得成功。经过一段时间的准备后,男方家向女方家送去一些财礼,并备酒席招待女方家的近亲,叫作"小订酒"。"大订酒"时,双方商定结婚的具体日期,此外,男方还要送给女方更多的财礼，办酒席招待女方家所有的亲戚。整个订婚过程中，姑娘不能露面，必须藏在自己的房里或躲到亲戚家中。结婚过程中有"女花夜""正宴""谢客"三个仪式。"女花夜"是女儿出嫁之日，家中准备两坛咂酒招待前来祝贺、送礼的亲朋好友，大家一起跳"喜庆沙朗"舞，唱"赞新郎"酒歌，举行隆重的出嫁仪式。"正宴"是整个婚礼的高潮。男方备马前去女方家迎亲，新娘身穿红嫁衣，脚穿红绣花鞋，在哭嫁声中由亲兄弟或堂兄弟背出大门后上马，在七八个姑娘陪同下前往新郎家。到了新郎家后，先由新娘的舅父给新郎"挂红"，然后再举行结婚仪式。仪式结束后，男方家设宴招待客人。当天晚上，全寨子的人都来到新郎家庆贺，跳"喜庆沙朗"舞，饮咂酒，唱酒歌，一直到深夜才结束。第二天，男方家再次备酒席"谢客"，酒席结束后，整个结婚仪式就全部进行完毕了。在少数羌族地区，还流行着一种抢婚的习俗。

羌族的丧葬形式主要有土葬、火葬和水葬。其中火葬是古代羌人火葬习俗的延续，也是一种历史比较悠久的传统葬俗。一般来说，每个姓氏都有自己的火葬场，火葬场中都有一座可以移动的小木屋，屋子里供着本姓历代祖先的神位。遇到有人去世，三天后入殓，请巫师诵经后抬至火葬场，将供着祖先神位的小木屋搬到其他地方，把棺木放在上面，四周堆上干柴后火化。这时，死者的亲属要大声哭泣，而且，还要唱丧歌、跳丧舞、喝丧酒。等火熄灭后，便将骨灰收起来埋在地下或封藏在崖穴中。现在，受汉族丧葬习俗的影响，土葬在羌族中已经非常盛行，仪式也与汉族基本相同。火葬仅仅成为凶死、传染病死和其他非正常死亡者的葬法。不到一岁的小孩死后，大多用水葬，一般是装在木箱或竹笼里，放到河中冲走。

节日礼俗

羌族有许多自己传统的民族节日，它们大都与农事活动和宗教信仰有关，其中最为重要的是四月初一的"祭山会"和十月初一的"过小年"。

"祭山会"是羌族人民为祈求丰年举行的盛大活动。每年的四月初一这一天，户户都在自家的房顶上插上杉树枝，在屋内的神台上挂上剪纸花，点燃松枝和柏枝。同时，村寨中还要举行祭祀天神"木比塔"的隆重仪式。届时，要杀一只羊作为祭品，由巫师敲着羊皮鼓，唱本民族的史诗。当天，村寨中的男女老少都聚在一起喝咂酒、唱酒歌、跳锅庄，热闹非凡。

每年的十月初一，羌寨的人要过小年，以庆祝当年的丰收。这一天，全寨人停止劳动，由巫师宰牛、羊祭祀天神，然后，由4个人抬着白石转遍全村。在许多羌族山寨，一般都有几个石砌的小塔，每年农历的三月至六月初三之间，羌族群众还要在石塔旁举行祭祀山神的塔子会，由巫师敲着羊皮鼓作法，祈求山神保佑全寨人畜平安。

此外，在羌族中还有一种为刚成年的男性举行冠礼（又叫成年礼）的习俗，仪式隆重而又复杂。冠礼举行前，先在八月间请端公来家里举行法事，消除不祥。十月到十二月间，选择良辰吉日正式举行仪式。届时，亲朋好友都来祝贺，由巫师主持仪式，祈求祖先庇护冠礼人。仪式进行过程中，还要由族长讲述祖先的历史，然后祭祀家里的诸位神灵。

宗教信仰

羌族的宗教信仰仍然停留在多神信仰的阶段，他们崇敬的神灵多达三十几种，大致包括以下四种类型：一是自然界的各种神灵，如天神、山神、地神、火神、羊神、树神、牲畜神等；二是各种家神，有的地方家神很多，有历代祖先"莫初"、男性祖先"活叶依稀"、女性祖先"迟依稀"、平安之神"亦吉"等；三是劳动工艺之神，如建筑神、石匠神、铁匠神及木匠神等；四是羌族村寨的寨神，是一种地方神，有的地方是石狗，有的地方则是羊，据说这种地方神与羌族百姓的生产和生活有着密切的关系。羌族所信仰的这些神灵中，地位最高最神圣的当属天神。传说羌人南迁途中正是由于得到了天神的帮助，才战胜了强悍的戈基人，得以安居乐业，生存至今。羌族相信天神主宰世间万物的生死祸福，是本民族最高的保护神。羌族信仰的众多神灵中，除以锅庄为火神的象征外，其余神灵均以白石作为象征，被供奉在屋顶、山上、地里以及石塔中。

为了祭祀各种神灵，羌族村寨每年都要举行许多祭祀活动。其中最经常的是祭天神，几乎天天都在进行。祭山活动最为隆重，每年举行一到两次，时间一般在农历的正月、五月和十月，由村寨中的巫师主持，祭祀期间严禁入山打柴、狩猎。每年天气干旱的时候，羌族群众还要举行一些宗教活动祈雨，俗称"搜山求雨"。

在羌族群众的宗教生活中，巫师扮演着非常重要的角色。日常生活中的祭祀、驱鬼、治病、招魂、婚丧嫁娶、婴儿的命名等活动几乎都离不开他们。巫师一般由男性担任，不脱离生产，可以结婚生子。他们没有固定的组织和场所，只供奉历代祖师和"猴头童子"。除少数巫师是父子相传外，大多数是师徒相传。由于没有经书，经文的传授一般通过口传心授的办法，背诵数年方能完全掌握。巫师的法器主要有猴皮帽、猴头、竹帽、羊皮鼓、神棍、铜锣、令牌、羊角卦等。而以猴皮帽和猴头最为贵重。

近代以来，由于民族间经济文化交往的不断增加，内地的佛教和道教相继传入了羌族地区。在靠近汉族的地区，汉式的庙宇建筑很多。在靠近藏族的地区，藏传佛教的影响比较大。羌族群众的宗教生活开始呈现出多种信仰并存的局面了。

民族文化

在上千年的社会生产实践中，勤劳智慧的羌族人民创造了绚丽多彩的民族文化，丰富了中华民族的文化宝库。

在羌民族文化之苑中，其族群历史除了汉字文献记载外，大多通过民间口传文学存留下来，借助神话、传说、史诗、戏剧、歌谣等呈现，可谓活态的"口传史",也是重要的非物质文化遗产,生动反映了羌族人民的历史、生活和思想感情。离奇的神话是羌族早期的民间文学,也是羌族人民美好生活理想的写照。至今,羌族群众中还流行着《开天辟地》《山沟和平坝形成》《造人类》《斗安珠和木姐珠》等许多优美的神话。除了神话之外,羌族中还流传着许多传说,其中著名的有《黑虎将军》《麻黄寨王特》等。此外,《太子坟》《打井工的遭遇》《压在穷人身上的铁板租》《羌山怒火》《走上红军路》等动人的民间故事,也真实地记录了羌族人民的生活经历。羌族口头文学中,史诗性作品主要有释比经文和古歌尼萨,其中释比经文是在仪式场景中唱诵的,其演唱者身份是民间宗教人士,古歌尼萨则是在生活场景中演唱的,其演唱者身份是村寨普通民众。被列入国家级非物质文化遗产名录的释比经典《羌戈大战》,与《木姐珠》《诵神禹》和《赤吉格补》一起被誉为羌族"四大史诗"。《羌戈大战》由序源、释比诵唱羊皮鼓、天降白石变雪山、羌戈相遇日补坝、长子四处查神牛、木比授计羌胜戈、竞赛场上羌赢戈、木比施法戈人亡、羌人格溜建家园、霍巴买猪庆功宴十节组成,唱述了两场战争:一是羌人与魔兵的战争,导致羌人九部被迫分散迁徙,通过锡拉的神助,大哥阿巴白构施法将白石变雪山阻挡了魔兵的追击。二是部落到达岷山日补坝后与戈基人交战,在天神木比的帮助下最终战胜戈基人。之后,阿巴白构分派九个儿子到岷山各地,设宴庆功,建立家园。

羌族是一个能歌善舞的民族,不论是生产劳动、节日聚会,还是婚丧嫁娶,唱歌和跳舞必不可少。羌族的民歌有苦歌、颂歌、山歌、情歌、酒歌、喜庆歌和丧歌等。这些民歌取材广泛,语言生动,配以羌笛、口弦伴奏,具有强烈的艺术感染力。羌族的舞蹈多以脚部动作为主,有"跳沙朗""跳盔甲""跳皮鼓""兰干寿"等。其中"跳沙朗"有羌族锅庄之称,分为"忧事沙朗"和"喜庆沙朗",二者风格各异,在羌族地区非常流行。

在建筑艺术方面,羌族人民凭借他们的聪明智慧和精湛技艺,修建了有名的碉楼和索桥。早在2000多年前的汉代,西南地区一些依山而居的羌人就已垒石为室,修建了高10余丈的"邛笼"(羌语,碉楼之意)。到了近代,羌族垒石为室的建筑技艺日趋完善,修建的碉楼多是三四层,最高的达十三四层,形状有四角形、六角形和八角形。这种碉楼外观质朴,冬暖夏凉,坚固耐用。羌族修建索桥的历史也可以上溯到2000多年前的汉代,那时,属于羌人的筰部落就以善于修建笮（即竹索）桥而闻名。横跨于岷江和杂谷脑河交叉点上的威州大索桥，相传建于唐代，至今仍在使用，是羌族精湛建筑艺术的杰出代表。

羌族使用的民族乐器有羌笛、月琴和口弦等。其中羌笛历史悠久，在我国乐器发展史上占有一席之地。据说，这种乐器最早是由秦汉时游牧在西北高原的古代羌人发明的，故名羌笛。最初的羌笛是用羊腿骨或鸟腿骨做成的，在当时，它既是一种吹奏的乐器，又是牧人的马鞭，因而又被称为"吹鞭"。西汉以前，羌笛只有3—4个按孔，公元前1世纪，经过京房这个人的进一步改进，才增加到了5个按孔，并且逐渐传入了内地，成为一种重要的演奏乐器。

二、藏缅语族各民族与羌人的关系

藏族与羌人的关系

藏族与羌人之间到底是什么关系，学术界的专家们有许多不同的看法，但古代羌人与藏族的形成、发展无疑有着极其密切的关系，这一点任何人都无法否认。

由于青海和西藏同处青藏高原，地理上相互毗连，气候条件大致相同，因而很早以来，两地的居民间就有密切的联系与交往。战国时期，河湟地区的羌人受秦国的威胁，许多羌人部落包括无弋爰剑的孙子所在的部落纷纷向西迁徙，来到了今西藏北部地区，后来逐渐发展成为发羌、唐牦羌。发羌、唐牦羌与这一地区原有的居民共同生活，相互融合，开发了西藏地区。应该说，羌人是较早融入藏族先民的一支，古羌人是藏族的重要族源之一。

隋唐之际，青藏高原地区活跃着苏毗、羊同、白兰、党项等众多羌人部落集团。吐蕃兴起后，积极向外扩张，处在吐蕃北部和东部的羌人就成为吐蕃首先征服的目标。公元7世纪中叶，松赞干布做了吐蕃赞普后，先后征服了苏毗、羊同。公元663年，吐蕃消灭吐谷浑后，吐谷浑境内的许多羌人又归入了吐蕃的统治之下。在吐蕃与唐朝对峙期间，党项羌和今川西地区的西山诸羌也受到吐蕃的威胁，其中的大部分臣服了吐蕃，接受吐蕃的统治，只有一小部分内迁或投靠了唐朝。吐蕃在征服了诸多羌人部落后，一方面大量征调羌人部落的人力和物力为其对外扩张战争服务，另一方面又不遗余力地在这些羌人中推行民族同化政策，加速了羌人的吐蕃化。

许多年之后,吐蕃统治下的大量羌人已经完全吐蕃化,极大地发展和壮大了吐蕃这个民族共同体。几百年后,吐蕃发展成为今天的藏族。

其他民族与羌人的关系

在古代羌人的一部分逐渐融入藏、汉等民族的同时,南下迁徙到西南地区的一部分羌人,在漫长的历史进程中分别发展成长为汉藏语系藏缅语族中的一些民族。特别是今天分布在藏彝走廊地区的众多少数民族其族源与羌人尤其是河湟地区的羌人有着十分密切的关系。目前民族史学界普遍的看法,历史上由河湟地区南下的古羌人是构成今天分布于藏彝走廊地区藏缅语民族的一个共同祖源。

属于藏缅语族彝语支的彝、白、哈尼、纳西、傈僳、拉祜等民族,与古代羌人有着千丝万缕的联系。如:作为藏缅语族彝语支民族中的主体民族的彝族,其族源的认定学术界看法分歧较大,有"卢人"说、"濮人"说、"僚人"说、"高加索人种"说、"马来人种"说等,但彝族主要源于西北南下之氐羌人却仍是较流行的观点。著名史学家方国瑜先生在《彝族简史》一书中认为,彝族是许多氐羌部落和别的部落经过长时期的融合而形成的,是在西南地区形成和发展起来的人们共同体。从史书记载看,彝族是由汉代时活动于凉山一带的牦牛种越嶲羌发展而来的。魏晋时期,彝族先民被称为叟人,隋唐时又被称为乌蛮,元代以后至中华人民共和国建立前一直被称为罗罗;白族也是由南迁羌人中的一支——僰分化发展而来的。在古代文献中,羌和僰常常连称为羌僰。隋唐时期,白族先民又被称为白蛮,集中居住在滇东和滇中一带。南诏政权控制这一地区后,将大量白蛮强行迁徙到滇西大理一带,这里就逐渐成了今天白族的主要聚居区;哈尼族的先民在战国时被称为和夷,也是西南地区羌人中的一支;纳西族也源自汉代的牦牛种越嶲羌和白狼羌。晋代时,居住在定筰县(今四川省盐源县)的纳西族先民被称为摩沙夷,唐代以来一直被称为麽些;傈僳族的先民是唐代乌蛮的一支,居住在雅砻江和金沙江两岸广大地区,当时写作栗粟或栗蛮。明代中叶,傈僳族先民居住在维西、丽江一带,16世纪中叶,才大量迁居怒江地区;拉祜族的先民也是由青藏高原迁来的,汉、晋时期,他们被称为昆或昆明,大约10世纪时,拉祜族先民离开居住地分两路向南迁徙,来到了今天的思茅、临沧等地定居下来。

除了上述历史记载外,彝、白、哈尼、纳西、傈僳、拉祜等民族中还有一些关于先民活动的民间传说和记载,也都与战国以来迁徙到西南地区的羌人有密切的关系。如:彝族民间传说和彝文文献记载说,他们的先民是从西北高原的大雪山下逐步迁徙到今四川、云南一带的;哈尼族的民间传说也认为,他们的祖先原先游牧在北方一条大江边一个名叫努美阿玛的地方,后来南迁,中途在谷哈(昆明)和大理做过短暂停留,然后继续南迁到今天的滇南一带;丽江纳西族民间传说认为,他们的第一代首领叶古年最初居住在西北高原的昆仑山中,后来乘木槎(即木筏)沿金沙江漂流到了滇西北一带,当地的土著十分惊异,以为是天神降世,推举他为部落首领。

此外,彝、白、哈尼、纳西、傈僳、拉祜等民族的许多习俗,也与古代羌人的习俗相近。如:彝族实行父子联名制,着披毡,流行火葬;白族、哈尼族也实行火葬,也有过父子联名制。

当然,除了彝语支的各民族外,羌语支的普米族、景颇语支的独龙族、嘉绒语支的嘉绒藏族和未归语支的怒族,都与古代羌人有着很深的渊源关系。如:汉文文献记载说,普米族的先民原先居住在青藏高原,后来沿横断山脉南下,进入今天云南的丽江、维西、兰坪地区。而且，普米族的传说也认为他们的先民来自西北的昆仑山区，起初以狩猎为生，后来有了畜牧业，由于草场不敷使用，才逐步南迁，经雅砻江和木里河，到达今四川、云南交界地带居住下来。嘉绒藏族是由唐代时活动于四川西部的哥邻羌、白狗羌发展而来的。而且，根据文献记载，学者们推断独龙族也是由古代南迁羌人中的一支发展而来的。

三、羌族研究及成果综述

羌族研究综述

在我国的史书和古籍中，一直有关于古羌人的零星记载，但近代科学意义上的学术研究始于20世纪初期。结合学者们已有的梳理和归纳，羌族研究大致可以分为如下四个阶段：

第一阶段：民国时期的开创性研究。当时的研究重点是羌族的族源和文化，从事研究的学者有胡鉴民、闻宥、王文萱、刘恩兰、高中润、于式玉、庄学本、马长寿、顾颉刚等，主要开展了历史与考古、经济与社会、民俗与文化、语言等方面的研究，产生了一大批具有奠基性意义的研究成果。其中，庄学本先生是最早在羌族地区进行民族学考察的国内学者，在1937年出版了《羌戎考察记》一书，为后人研究羌民族宗教文化留存大量珍贵学术资料。这一时期，还有一些国外学者对羌族进行了研究，其中美国的葛维汉（D. C. Graham）应该是最早从事羌族人类学研究的国外学者，1933年后多次到羌族地区进行考察，写有《羌族的习俗与宗教》，本书是对羌族宗教、习俗进行较为客观而系统研究的重要著作。

第二阶段：羌族社会历史与语言大调查时期。1950年以后，对羌族的社会历史调查已经开始，1953年，西南民族学院民族研究所编印的《西南少数民族情况参考资料·羌（尔玛）族情况》一书，集中反映了对茂汶地区羌族进行调查的情况。1958年以来，国家组织了大批专家学者，对羌族地区进行大规模的社会历史调查和羌族语言调查，基本弄清了1964年前羌族地区的社会历史面貌，积累了丰厚的资料。《羌族简史简志合编》（1963年）和《羌族》《羌族地区近代经济资料汇集》《羌族地区土司资料汇辑》《羌族社会历史调查》等著作，是这一时期社会历史调查形成的最主要的成果。

第三阶段：羌族研究体系逐步形成时期。20世纪80年代以后,羌族研究重新启动。一大批学者在社会历史大调查的基础上,开展了深入研究,使羌族研究逐步成为覆盖民族学、民族史、民族语言、民族问题领域的综合性学科体系,形成了一支实力雄厚的研究队伍,出现了以民族问题五种丛书、《氐与羌》(1984年)《羌族源流探索》(1984年)《羌族史》(1984年)《羌族简史》(1986年)《羌村社会》(1993年)、《羌族文学史》(1994年)为代表的一大批著作。此外,在20世纪80至90年代初,羌族地区各县相继开展羌族民间故事、谚语、歌谣、音乐、舞蹈的收集、整理、编印工作的同时,进行地方志的编修工作,《汶川县志》《北川县志》《理县志》《茂汶羌族自治县志》相继公开出版发行,有效推动了羌族优秀传统文化的保护传承发展。

第四阶段:羌族研究逐渐成熟并多元化时期。这一阶段,羌族研究的领域逐渐拓宽,并显示出多元化的发展势头,既有羌族文化与周边文化关系的宏观性的研究,也有较为细致深入的微观民族志研究,羌族语言研究也取得长足进展,不少新的研究成果、学术专著相继出版,同时国内外的报纸、期刊上也发表了大量有关羌族研究的论文、调查报告及政治、经济、文化等方面的资料。《华夏边缘——历史记忆与族群认同》(1997年)、《麻窝羌语研究》(1998年)、《羌族习惯法》(2000年)《羌笛新曲》(2003年)《羌在汉藏之间：一个华夏边缘的历史人类学研究》(2003年)、《羌语研究》(2006年)、《羌族通史》(2010年)等是这一时期羌族研究中的具有代表性的研究成果。

重要调查研究成果简介

20世纪初期以来，关于羌族研究的论著数量不少，在此仅仅对部分重要的论著进行简要介绍。

《羌戎考察记》一书是民国时期著名影视人类学先驱庄学本所著，他于20世纪30年代游历了四川、青海交界处，历经六个月的考察，收集了大量图片和文字资料，连载发表于南京的《中央日报》，1937年由上海良友图书出版公司结集为《羌戎考察记》出版。书中较为详细地介绍了汶川、茂县和理县藏族、羌族的建筑风貌、山川地理、历史典故、宗教信仰、文化教育、风俗人情、传说故事、人文社会及婚姻习俗等，是研究20世纪30年代阿坝地区民族、历史、文化、地理、民俗、宗教等方面的重要资料。由于采用了人类学的方法和态度，该书也被视为影视人类学的著作，具有重要的学术价值。2007年，四川人民出版社于再版此书,为"5·12"震灾后灾区保护、传承与发展羌族宗教文化提供了坚实的基础和借鉴。

《羌(尔玛)族情况》和《羌族社会历史调查》两书,是新中国成立后国内学者开展羌族社会历史调查形成的重要成果之一。其中《羌(尔玛)族情况》一书,是1952年5月至1953年6月间西南民族学院民族研究室在羌族地区进行了为期一年的田野调查后整理形成的,1984年汇编为《羌族调查材料》,主要记述了羌族的多神崇拜、祭祀活动、巫师的法术和法器、羌族与其他宗教的关系等,是新中国成立后对羌族宗教、文化进行系统调查研究的早期重要著作之一。《羌族社会历史调查》一书,则是1958年以来国家在羌族地区进行大规模的社会历史调查的重要成果,重点调查和描述羌族的社会生产力、社会所有制和阶级情况,同时尽可能收集历史发展资料和特殊的风俗习惯,进而对羌族历史作系统的研究。

周锡银、李绍明、冉光荣合著《羌族史》一书,是迄今为止关于羌族历史的著述中最为系统、详尽的一部专著。该书搜集了从4000多年前的夏代到新中国成立前夕的丰富史料,分上下两编探寻了羌族历史的发展源流及其分支演变过程,上编论述宋以前的羌人,下编介绍宋至近现代的羌人,内容涉及政治、军事、经济、文化各个方面及由此导致政府对羌政策的变化，同时，也比较翔实地记述了在漫长的历史时期里羌人与汉族及其他民族或同化或融合的过程。

在羌族族源研究方面，段丽波所著《中国西南氐羌民族源流史》和何光岳所著的《氐羌源流史》二书，是较有代表性的两部著作。《中国西南氐羌民族源流史》一书，作为羌族族源的专门性研究著作，在大量结合前人有关羌族源流论述和古代史料的基础上，从先秦到明清，条分缕析，甄别是非，提出了许多关于历史上属于氐羌系统的民族群体源流情况的看法，是羌族源流研究方面的总结性著作。《氐羌源流史》一书，分为上、中、下三编，上编是"戎族系统"，中编是"氐族系统"，下编是"羌族系统"，运用模糊史学与泛史的理论观点，阐述了戎、氐、羌各支系的源流、分布、迁徙、演变与融合等过程，为人们从事羌族源流研究工作方面提供了重要的参考。

徐平所著《羌村社会》一书运用民族学和社会学相结合的方法，对汶川县绵虒乡（今绵虒镇）羌锋村的经济活动、社会结构、人生礼仪、宗教信仰进行了研究，试图通过羌村这一典型社区的调查研究，探索人类社会构成的基本原理和文化变迁的一般规律。书中详细描述分析了羌村人的经济生活模式、社会构建与运转、个人与社会的关系、精神世界的构造，进而联系羌族历史上从游牧到农耕的巨大变迁，以及羌村现实生活的变化，提出文化的本质在于适应，适应带来社会进步的理论假设。

羌族学者耿少将撰写的《羌族通史》一书，充分利用考古学、社会学、历史学、语言学、气象学、遗传学和各种史料，吸收关于羌族的多年的研究成果，以独特的文化视角，对羌族的历史作出了许多全新而有益的探索，是目前国内外唯一贯通中国上下数千年的羌族通史，填补了羌族通史研究方面的空白，具有开创性的意义。

主要参考文献

1.〔东汉〕班固:《汉书》,北京:中华书局校点本,1962年。

2.〔宋〕范晔:《后汉书》,北京:中华书局校点本,1965年。

3.〔晋〕陈寿:《三国志》,北京:中华书局校点本,1959年。

4.〔北魏〕郦道元著、陈桥驿校注:《水经注校注》,北京:中华书局,2007年。

5.〔唐〕房玄龄等撰:《晋书》,北京:中华书局校点本,1974年。

6.〔唐〕李延寿:《北史》,北京:中华书局校点本,1974年。

7.〔唐〕李延寿:《南史》,北京:中华书局校点本,1975年。

8.〔唐〕魏征等:《隋书》,北京:中华书局校点本,

1973年。

9.〔后晋〕刘昫等:《旧唐书》,北京:中华书局校点本,1975年。

10.〔北宋〕司马光:《资治通鉴》,北京:中华书局校点本,1956年。

11.〔北宋〕欧阳修:《新唐书》,北京:中华书局校点本,1975年。

12. 冉光荣、李绍明、周锡银:《羌族史》,成都:四川民族出版社,1984年。

13. 马长寿:《氐与羌》,上海:上海人民出版社,1984年。

14. 黄烈:《中国古代民族史研究》,北京:人民出版社,1987年。

15. 陈梦家:《殷墟卜辞综述》第八章《方国地理》,北京:中华书局,1988年。

16. 白寿彝总主编:《中国通史》,上海:上海人民出版社,1995年。

17. 崔永红:《青海经济史》(古代卷),西宁:青海人民出版社,1998年。

18. 阿旺尖措等编:《昆仑神话与西王圣母》,合肥:黄山书社,1998年。

19. 崔永红、张得祖、杜常顺主编:《青海通史》,西宁:

青海人民出版社，1999年。

20. 青海省地方志编纂委员会编：《青海省志·建置沿革志》，西宁：青海人民出版社，2001年。

21. 赵宗福：《青海历史人物传》，西宁：青海人民出版社，2002年。

22. 谢端琚：《甘青地区史前考古》，北京：文物出版社，2002年。

23. 杨建新：《中国西北少数民族史》，北京：民族出版社，2003年。

24.《羌族简史》编写组、《羌族简史》修订本编写组：《羌族简史》，北京：民族出版社，2008年。

25. 耿少将：《羌族通史》，上海：上海人民出版社，2010年。

26. 董作宾：《甲骨文断代研究例》，史语所研究员外国通信员编辑员助理员共撰：《庆祝蔡元培先生六十五岁论文集》，北平：历史语言研究所，1935年。

27. 于省吾：《释羌、苟、敬、美》，《吉林大学社会科学学报》1963年第1期。

28. 黄烈：《有关氏族来源和形成的一些问题》，《历史研究》1965年第2期。

29. 顾颉刚：《从古籍中探索我国的西部民族——羌族》，《社会科学战线》1980年第1期。

30. 王俊杰：《论商周的羌与秦汉魏晋南北朝的羌》，《西北师院学报》1982年第3期。

31. 高东陆：《略论卡约文化》，《青海社会科学》1993年第1期。

32. 陈连开：《夏商时期的氐羌》，《云南民族学院学报》（哲学社会科学版）1993年第4期。

33. 牛世山：《关于刘家墓地的几个问题》，《中原文物》1997年第4期。

34. 周伟洲：《多弥史钩沉》，《民族研究》2002年第5期。

35. 石硕：《附国与吐蕃》，《中国藏学》2003年第3期。

36. 崔永红：《西王母考》，《青海民族学院学报》2003年第4期。

37. 耿静：《羌族研究综述》，《贵州民族研究》2004年第3期。

38. 初世宾：《悬泉汉简羌人资料补述》，载中国文物研究所编：《出土文献研究（第六辑）》，上海：世纪出版集团、上海古籍出版社，2004年。

39、石硕：《女国是苏毗吗？——论女国与苏毗之差异及女国即苏毗说之缘起》，《西藏研究》2009年第3期。

40. 李健胜：《"大禹出于西羌"辨》，《中原文化研究》2014年第3期。

41. 叶茂林：《甘青地区史前考古与早期羌文化探索》，《四川文物》2016年第6期。

42. 杨富学、刘源：《出土简牍所见汉代敦煌民族及其活动》，《敦煌研究》2019年第3期。

后记

本书作为《青海史话丛书》之一册，初版于2004年，最初撰写的目的，是以青海这个秦汉时期羌人生息的大本营为立足点，以史话式通俗简明的语言，寻觅历史烟云中早已消失不见的羌人足迹，为人们了解青海历史、羌人历史提供一个通俗易懂、简明扼要的历史读本。撰写过程中本着理线索、粗线条的原则，叙述中重大势大事，力求通畅性、故事性和可读性，对学术界尚有争论的问题不做纠缠，以免给读者造成疑惑。体例上舍弃章节体，仅分六个大的历史时期，纲目式加以叙述。但由于羌人自古至今的历史足迹绵延四千多年之久，诸多疑难问题又未得到史学界明确解答，撰写过程中详略取舍也颇费脑筋，虽书已成帙，但仍留有许多不足与遗憾，

时至2022年，再蒙青海省地方志编纂委员会办公室厚爱，《西羌觅踪》一书得以入选《走进青海历

史文化丛书》，获得再次修订完善的机会。修订过程中，在保留原有框架体系的基础上，对部分内容做了叙述顺序的调整，有些部分增加了新的内容。此前存疑的一些问题，对于近十多年来学界研究逐渐形成共识的，也在文中加以简要介绍。此前回避的一些学术争论，确实需要交代的，也并陈主要的观点，以便读者辨析和深入了解。许多内容的标题也做了完善，尽量做到贴切简明，前后呼应。尽管笔者想尽力写出一部通俗易懂、富有趣味的西羌史话，但无奈学识和能力所限，读者关注的诸多问题实难在一本小书中得到很好解答，祈望读者能够见谅并提出宝贵的修改意见。文中所引用的诸位学界前辈和同仁的观点，由于行文要求未能在文中一一注明，仅在文末以参考文献的方式加以部分呈现，在此谨致谢意。

张生寅

2022 年 6 月